生命保険募集人必携

入院・手術給付金を受けたら見る
障害年金の本

野中労務管理事務所
社会保険労務士
野中 房代

近代セールス社

はじめに

一人でも多くの方に障害年金を知ってほしい

　私は障害年金専門の社会保険労務士です。毎日全国から紹介など
で障害年金の相談を受け、診断書や生命保険の給付請求書のコピー
などを見ていますが、「本当なら障害年金がもらえるのに、何でこ
んな大変な方が放っておかれていたのか！」と残念に思うことがよ
くあります。そして「日本はこんなにも無情な国なのか、誰かが声
をかけてあげればよかったのに！」と切なくなってしまいます。

　難病で車いすでの生活を余儀なくされたり、がんで入退院を繰り
返していたり、精神的な病で何十年も働くことができず、本人も家
族も大変疲弊していたり、眼や耳が不自由で公的制度の情報が届か
ず何十年も障害年金をもらっていないなど…、たくさんの方に出会
いました。日頃の活動を通じて、障害年金の制度が知られていない
現実をとても残念に思うとともに、年金の専門家である私たち社会
保険労務士が、もっと声をあげなくてはいけないとも思っていま
す。

　残念ですが、世間的に障害年金のことはほとんど知られていませ
ん。年金は老後にもらうものと思っている方が多いのが現状です。
日本は「請求（申請）主義」といって、年金は自ら請求しないと支
給されないものですが、制度を知らなければ請求することもできま
せん。ましてや病気やケガなどで大変な方は、治療や日々の生活で
精一杯なので、気づかないことが多いようです。

　周囲の方が少しでも障害年金の知識を身につけ、「障害年金につ
いて確認した？」といってあげれば気がつきますし、「障害年金専
門の社会保険労務士に聞いてみたら？」といっていただければ、個
別具体的に手続きが進められます。

そして、手術をしたり入退院を繰り返している方が最初に相談するのは、残念ながら社会保険労務士ではなく、生命保険や損害保険を扱っている皆さんです。実際、障害年金に理解のある保険募集人の方からは多くのお問い合わせをいただいており、本人も、「障害年金について全く知らなかったけど、生命（損害）保険の方に聞いて電話しました」という方が大半です。

障害年金のアンテナを立て良質な情報提供を

　この本は、「どんな状態だと障害年金に該当するのか」を知ってもらうために執筆しました。そして1回読んだら本棚で眠ってしまうのではなく、ことあるごとに引っ張り出して見ていただけるような本を目指しました。症状別に構成しているので、周囲に病気やケガで仕事（家事）に制限がある方がいたら、その都度手に取って確認してもらえたら幸いです。

　なお、年金制度は法改正が多くとても複雑ですが、できるだけ分かりやすく説明するため、例外や、旧法、共済年金と厚生年金の一元化前の解説などを省いてシンプルに説明しています。障害年金は、その方の症状が何級に該当しそうかという見立てや、初診日等の判断・確認をきちんと行う必要がありますので、対象になりそうな方がいたら障害年金専門の社会保険労務士等に問い合わせてみてください。

　障害年金のアンテナを立てて良質な情報提供を行うことで、病気やケガで大変な方を救っていただけたらと、切に願っています。

平成30年7月吉日

社会保険労務士　野中 房代

目　次

序　章●障害年金をご存知ですか

第１章●受給できる可能性があるのはこんな方

①腎臓…人工透析療法 ……………………………………………… 12

②のど、そしゃく…喉頭全摘出手術、そしゃく・嚥下機能 … 13

③肺…常時（24 時間）の在宅酸素療法、肺性心 …………… 15

④心臓…心臓ペースメーカー、植込み型除細動器(ICD)、
　　人工弁、人工心臓、心臓移植、CRT(心臓再同期医療機
　　器)、CRT‐D（除細動器機能付き心臓再同期医療機器 … 17

⑤大動脈…大動脈解離や大動脈瘤による人工血管（ステ
　　ントグラフト含む）…………………………………………… 20

⑥高血圧…悪性高血圧症、一過性脳虚血発作、大動脈解
　　離や大動脈瘤を合併した高血圧 ………………………… 21

⑦腸…人工肛門、尿路変更、新膀胱造設 ……………………… 24

⑧肢体…人工骨頭、人工関節、肢体の切断または離断・
　　短縮障害、３大関節・脊柱、指の状態 ………………… 26

⑨脳…遷延性植物状態 …………………………………………… 32

⑩眼…視力障害、視野障害、その他の眼の障害 ……………… 33

⑪耳…聴力障害 …………………………………………………… 37

⑫鼻…鼻腔機能 …………………………………………………… 39

第２章●こんな方は症状により受給の可能性があります

１．障害の程度を確認し手続きを検討する ………………… 42

２．障害程度別チェックリスト ……………………………… 44

①脳血管疾患による麻痺などの肢体障害等のある方 ……… 44

②うつ病、統合失調症、発達障害等の精神疾患、高次脳
　　機能障害、知的障害で働くのに制限がある方 ………… 49

③十分な治療にかかわらず、てんかん性発作のある方 ……… 60

④心臓疾患で労働（家事）や日常生活に支障がある方 ……… 62

⑤血液・造血器疾患で労働 (家事) や日常生活に支障が

ある方 ……………………………………………………… 73

⑥肝疾患で労働（家事）や日常生活に支障がある方 ………… 83

⑦腎疾患で労働（家事）や日常生活に支障がある方 ………… 85

⑧肺疾患で労働 (家事) や日常生活に支障がある方 ………… 91

⑨がん（副作用も含む）で働くのに制限がある方 …………… 96

⑩その他傷病名を問わず、入退院を繰り返して働くのに

制限がある方 ……………………………………………… 97

第３章●受給の可能性を確認するには

１．障害年金の受給要件 ………………………………………… 100

２．初診日を確認すること …………………………………… 100

３．保険料納付要件を確認すること ………………………… 104

４．「障害認定日」と「事後重症」………………………… 105

第４章●障害年金をしっかり理解する

１．障害年金の金額はいくらか ……………………………… 108

２．年金の消滅時効とは ……………………………………… 109

３．「一人一年金の原則」について ………………………… 110

４．障害年金のよくある勘違い ……………………………… 111

終　章●障害年金のアドバイスにあたって

〈資料〉 1　診断書(肢体の障害用)・40　　2　ICD-10コード一覧(抜粋)・98

　　　　3　診断書(精神の障害用)・116

＜参考文献一覧＞

●厚生労働省・日本年金機構「国民年金・厚生年金保険　障害認定基準」平成29年12月1日改正

●厚生労働省・日本年金機構「国民年金・厚生年金保険　精神の障害に係る等級判定ガイドライン」平成28年9月

序章

障害年金を
ご存知ですか

障害年金は請求しないともらえないものですが、障害年金を知らずに請求していなくて、経済的に困っている方が大勢います。

例えば、次のような方（①〜⑭）は障害年金が受給できる可能性があります。

●障害年金を受給できる可能性のある方

① 人工透析療法、インスリン治療をされている方

② 喉頭全摘出された方

③ 常時（24時間）の在宅酸素療法をされている方

④ 心臓ペースメーカー、植込み型除細動器（ICD）、人工弁、人工心臓、心臓移植、CRT（心臓再同期医療機器）、CRT-D（除細動器機能付き心臓再同期医療機器）を装着されている方

⑤ 胸部大動脈解離や胸腹部大動脈瘤で人工血管（ステントグラフトも含む）を挿入されている方

⑥ 悪性高血圧症、高血圧性網膜症、大動脈解離や大動脈瘤を合併した高血圧の方

⑦ 人工肛門、尿路変更、新膀胱造設された方

⑧ 人工骨頭、人工関節、肢体を切断または離断された方

⑨ 遷延性植物状態の方、一過性脳虚血発作のあった方

⑩ 矯正眼鏡またはコンタクトレンズ等をしても両眼それぞれの視力が0.1以下の方

⑪ 聴力レベル値が70デシベル以上の方

⑫ うつ病、統合失調症等の精神疾患で働くのに制限がある方（原則、人格障害・神経症を除く）

⑬ がん（副作用含む）や難病等で働くのに制限がある方

⑭ その他傷病名問わず、働くのに制限がある方

このような方が近くにいたら、ぜひ、障害年金を知っているか、要件について確認したことがあるか、手続きをしているか、聞いて

みてください。保険を扱っている皆さんでしたら、「あの方」と思い浮かぶ方が1人や2人いるのではないでしょうか。

　障害年金は一般にはあまり知られていないため、請求すれば受給できるのに気づいていない方が多くいます（老齢年金を受給している方は、原則としてどちらかの年金の選択となるため、障害年金を受給していない場合もある）。

　どんな状態の方が障害年金を受給できるのかについては、障害認定基準に書かれていますが、基本的には「病気やケガでどの程度の支障があるか」という「程度」で決まるため、認定基準はよい意味で漠然としています。人によって症状は様々なので、漠然としている方が多くの方が救われる、という理由もあるのではないかと思います。

　後に詳しく説明しますが、例えば、3級は「労働が（著しい）制限を受ける程度」、2級は「日常生活が著しい制限を受ける程度」と書かれています。しかし、なかには前ページの人工物の装着等のように、「この状態になったら○級」と明確に示されているものもあります。それらを分かりやすく紹介し、要件が揃うなら障害年金の手続きを進めた方がよいでしょう。

　次章から書くフローチャート等の内容は、医師が書く診断書の内容をご自身で確認できるよう作成してあります。実際の障害年金請求時には医師の診断書が判断基準となりますのでご注意ください。

●年金は請求しないともらえない

　年金は、自ら請求しないともらえません。「老齢年金」や「遺族年金」「障害年金」も同様ですが、「年齢に達する」「亡くなる」と

いった日付のある事実で支給される老齢・遺族年金と違って、障害年金は、「初診日がいつで」「障害認定日がいつで」「障害等級に該当する傷病の状態にある」ということを自ら書類を集め、証明（疎明）したうえで、請求しなければなりません。

この判断や診断書類等の収集、申立書等の作成がとても大変なのです。ましてや治療中の方が自ら手続きするというのは、なかなかできることではありません。

●障害年金の請求手続き

障害年金を受給するには、障害状態が障害等級に該当し、初診日（これがとても大事）が明確で、支払義務のある年金保険料を必要月数以上払っていることが書類審査で認められないと支給されません。ここで提出書類に齟齬があったり、初診日の判断を誤ると、何度も返戻されたり、初診日不確定で不支給になってしまったりするので注意が必要です。

さらに、初診日が何十年も前で「医師の証明（医証）」が取れない場合などは、客観的な証明書類が複数必要で手続きが煩雑となるため、断念せざるを得ない方も多くいます。

自身で請求したらダメだったので、不服申立ての審査請求をしたいという依頼もありますが、提出した書類が間違っていると、後で覆すことは大変難しく、最初から書類を作成し直さなければならないこともあります。

このように、正確な書類をできるだけ一度で提出できるよう請求手続きを進めなければならないため、病気やケガで大変な方は、周囲の元気な方の協力が必要になります。

第1章

受給できる可能性が
あるのはこんな方

まず第1章では、どのような状態の方が障害年金に該当しそうかという視点を持ってもらうため、問い合わせの多い傷病を12の部位に分けて見ていきます。フローチャートに従って進み、最後に「受給できる可能性があります」にたどり着いたら、該当の解説ページを確認してください。

①腎臓…人工透析療法

　認定基準では、「人工透析療法施行中のものは2級と認定する」とされています。なお、人工透析療法施行中の検査成績や、長期透析による合併症の有無とその程度、具体的な日常生活状況等によっては、さらに上位等級に認定される場合もあります。

● **腎臓の障害**

人工透析療法施行中ですか？

はい ⬇　　　　　いいえ ⬇

障害年金2級以上で受給できる可能性があります。
100ページの受給要件を確認してください。

糖尿病（インスリン治療）、慢性腎不全、ネフローゼ症候群の方は「腎疾患による障害」の85ページへ。それ以外の方は42ページの障害の程度を確認してください。

②のど、そしゃく…喉頭全摘出手術、そしゃく・嚥下機能

●喉頭全摘出手術

> 喉頭全摘出手術を施した結果、発音に関わる機能を喪失した。

はい ⬇

> 障害年金2級で受給できる可能性があります。100ページの受給要件を確認してください。

●そしゃく・嚥下機能の障害

> 次のいずれかに該当、またはそれ以上に状態が悪いですか？
> ☐ 経口摂取のみでは十分な栄養摂取ができないためにゾンデ栄養の併用が必要
> ☐ 全粥または軟菜以外は摂取できない

はい ⬇

> 初診日は厚生年金でしたか？

はい ⬇   いいえ ⬇

はい ⬇　　　　　　　　いいえ ⬇

| 障害厚生年金３級以上で受給できる可能性があります。100ページの受給要件を確認してください。 | 次のいずれかに該当しますか？
☐ 流動食以外は摂取できない
☐ 経口的に食物を摂取できない
☐ 経口的に食物を摂取することが極めて困難（口からこぼれ出るため、常に手、器物等でそれを防がなければならない、一日の大半を食事に費やさなければならないなど） |

はい ⬇　　　　　　　　いいえ ⬇

| 障害基礎年金２級以上で受給できる可能性があります。100ページの受給要件を確認してください。 | 42ページの障害の程度を確認してください。 |

第1章●受給できる可能性があるのはこんな方

③肺…常時（24時間）の在宅酸素療法、肺性心

●常時（24時間）の在宅酸素療法

常時（24時間）の在宅酸素療法を施行中で、かつ、軽易な労働（家事も含む）以外は常に支障がある状態ですか？

はい⬇

初診日は厚生年金でしたか？

はい⬇

障害厚生年金3級で受給できる可能性があります。
100ページの受給要件を確認してください。

●肺性心

慢性肺疾患により非代償性の肺性心を生じている状態ですか？

はい⬇

初診日は厚生年金でしたか？

はい⬇

はい ↓

障害厚生年金3級以上で受給できる可能性があります。
100ページの受給要件を確認してください。

●労災給付との併給調整●

　肺疾患については、労災と関連がある場合も多く、労災保険給付と障害年金給付との調整がある場合もあります。

　中皮腫や肺がんなどの方で、石綿（アスベスト）ばく露作業に従事していたことが原因（業務上疾病）で発症した場合や、じん肺の方で、じん肺が進行して療養を必要とするようになった場合などは、労災保険給付を受けられます。

　中皮腫や肺がんなどの方はその程度によりますが、じん肺の方については、胸部X線所見がじん肺法の分類の第3型以上の方は、障害年金を受給できる可能性もあります。両方受けられる場合は労災給付が併給調整（減額支給）されます。

第1章●受給できる可能性があるのはこんな方

④心臓…心臓ペースメーカー、植込み型除細動器（ICD）、人工弁、人工心臓、心臓移植、CRT（心臓再同期医療機器）、CRT－D（除細動器機能付き心臓再同期医療機器）

●心臓ペースメーカー、植込み型除細動器（ICD）、人工弁

次のいずれかを装着していますか？
□ 心臓ペースメーカー
□ 植込み型除細動器（ICD）
□ 人工弁

はい ↓

初診日は厚生年金でしたか？

　　　はい ↓　　　　　　　　　いいえ ↓

はい ⬇ いいえ ⬇

| 障害厚生年金３級以上で受給できる可能性があります。100ページの受給要件を確認してください。 | 次のいずれかの症状が５つ以上ありますか？ ☐ 動悸 ☐ 呼吸困難 ☐ 息切れ ☐ 胸痛 ☐ 咳 ☐ 痰 ☐ 失神 ☐ チアノーゼ ☐ 浮腫 ☐ 頸静脈怒張 ☐ ばち状指 ☐ 尿量減少 ☐ 器質的雑音 |

はい ⬇ いいえ ⬇

| 心電図等の異常検査所見が２つ以上あれば、障害基礎年金２級以上で受給できる可能性があります。100ページの受給要件を確認してください。 | 42ページの障害の程度を確認してください。 |

第1章●受給できる可能性があるのはこんな方

●人工心臓、心臓移植

次のいずれかをされていますか？
- ☐　人工心臓
- ☐　心臓移植

はい

障害年金１級で受給できる可能性があります。
（ただし、術後１～２年程度経過し症状が安定しているとき
は、検査成績等を勘案し障害等級が変わる場合があります）
100ページの受給要件を確認してください。

● CRT（心臓再同期医療機器）、CRT-D（除細動器機能付き心臓再同期医療機器）

次のいずれかをされていますか？
- ☐　CRT（心臓再同期医療機器）
- ☐　CRT-D（除細動器機能付き心臓再同期医療機器）

はい

障害年金２級で受給できる可能性があります。
（ただし、術後１～２年程度経過し症状が安定しているとき
は、検査成績等を勘案し障害等級が変わる場合があります）
100ページの受給要件を確認してください。

19

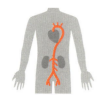

⑤大動脈…大動脈解離や大動脈瘤による人工血管（ステントグラフト含む）

●人工血管（ステントグラフトも含む）

胸部大動脈解離（Stanford 分類A型・B型）や胸腹部大動脈瘤により、人工血管（ステントグラフトも含む）を挿入している。

はい ⬇

症状が次のいずれかに該当しますか？
- ☐ 軽度の症状があり、肉体労働は制限を受けるが、歩行、軽労働や座業はできる。例えば、軽い家事、事務など
- ☐ 歩行や身のまわりのことはできるが、時に少し介助が必要なこともあり、軽労働はできないが、日中の50％以上は起居している

はい ⬇

初診日は厚生年金でしたか？

はい ⬇

障害厚生年金3級以上で受給できる可能性があります。
100ページの受給要件を確認してください。

第1章●受給できる可能性があるのはこんな方

⑥高血圧…悪性高血圧症、一過性脳虚血発作、大動脈解離や大動脈瘤を合併した高血圧

　高血圧症による障害の程度は、原則総合的に認定されます。認定基準では、高血圧症を「おおむね降圧薬非服用下で最大血圧が140㎜Hg以上、最小血圧が90㎜Hg以上のもの」とされています。

●悪性高血圧症

悪性高血圧症で、次のすべての条件を満たしますか？
□　高い拡張期性高血圧（通常最小血圧が120mmHg以上）
□　眼底所見で、Keith-Wagener分類Ⅲ群以上
□　腎機能障害が急激に進行し、放置すれば腎不全にいたる
□　全身症状の急激な悪化を示し、血圧、腎障害の増悪とともに脳症状や心不全を多く伴う

　　　　　　はい　　　　　　　　　　　いいえ

障害年金１級で受給できる可能性があります。100ページの受給要件を確認してください。	42ページの障害の程度を確認してください。

●一過性脳虚血発作＋高血圧性網膜症

１年内に一過性脳虚血発作があった方で、動脈硬化の所見のほかに出血、白斑を伴う高血圧性網膜症（Keith-Wagener 分類Ⅲ群以上等）がある。

はい

障害年金２級で受給できる可能性があります。
100ページの受給要件を確認してください。

●一過性脳虚血発作＋眼底の著明な動脈硬化

１年以上前に一過性脳虚血発作のあった方で、眼底に著明な動脈硬化の所見があり、頭痛、めまい、耳鳴、手足のしびれ等の自覚症状がある。

はい

初診日は厚生年金でしたか？

はい

障害厚生年金３級で受給できる可能性があります。
100ページの受給要件を確認してください。

第1章●受給できる可能性があるのはこんな方

●大動脈解離や大動脈瘤を合併した高血圧

胸部大動脈解離（Stanford 分類Ａ型・Ｂ型）や胸部大動脈瘤

（胸腹部大動脈瘤を含む）（注1）に、難治性の高血圧（注2）を

合併している。

注１：大動脈瘤の大きさは、嚢状のものは大きさを問わず、紡錘状のもの
　　　は、正常時（2.5～3cm）の1.5 倍以上のものをいう（２倍以上は
　　　手術が必要）。

注２：難治性の高血圧とは、塩分制限などの生活習慣の修正を行ったうえ
　　　で、適切な薬剤３薬以上の降圧薬を適切な用量で継続投与しても、
　　　なお、収縮期血圧が140㎜Hg 以上または拡張期血圧が90㎜Hg
　　　以上のものをいう。

はい

初診日は厚生年金でしたか？

はい

障害厚生年金３級以上で受給できる可能性があります。

100ページの受給要件を確認してください。

⑦腸…人工肛門、尿路変更、新膀胱造設

●人工肛門、尿路変更、新膀胱造設

次のいずれかの条件を満たしますか？
- ☐ 人工肛門を造設した
- ☐ 尿路変更術を施した
- ☐ 新膀胱を造設した

はい⬇

初診日は厚生年金でしたか？

はい⬇

障害厚生年金3級以上で受給できる可能性があります。
100ページの受給要件を確認してください。

第1章●受給できる可能性があるのはこんな方

●人工肛門と新膀胱を併設など

次のいずれかの条件を満たしますか？

☐ 人工肛門を造設し、かつ、新膀胱を造設または尿路変更術を施した

☐ 人工肛門を造設し、かつ、完全排尿障害（カテーテル留置または自己導尿の常時施行を必要とする）状態にある

はい⬇

障害年金2級以上で受給できる可能性があります。
100ページの受給要件を確認してください。

⑧肢体…人工骨頭、人工関節、肢体の切断または離断・短縮障害、３大関節・脊柱、指の状態

● 人工骨頭、人工関節

> ３大関節（上肢は肩・肘・手関節、下肢は股・膝・足関節）の中の１関節以上に、人工骨頭または人工関節をそう入置換している。

はい ⬇

> 初診日は厚生年金でしたか？

はい ⬇　　　　　　　いいえ ⬇

| 障害厚生年金３級以上で受給できる可能性があります。100ページの受給要件を確認してください。 | 42ページの障害の程度を確認してください。ただし、そう入置換してもなお、用を全く廃した状態（不良肢位で強直した、筋力が著減または消失した等）に該当するときは受給できる場合もあります。 |

第１章●受給できる可能性があるのはこんな方

●肢体の切断または離断・短縮障害

次のいずれかに該当しますか？

☐ 肢体の切断または離断をした（一下肢を足関節以上で欠く、一上肢のすべての指を基部から欠き、有効長が０など）

☐ 一下肢が健側の長さの４分の１以上短縮した（注）

☐ 一下肢が健側に比して10センチメートル以上または健側の長さの10分の１以上短縮した

注：下肢長の測定は、上前腸骨棘と脛骨内果尖端を結ぶ直線距離の計測による。

はい　　　　　　　**いいえ**

障害年金２級以上で受給できる可能性があります。**100ページ**の受給要件を確認してください。	42ページの障害の程度を確認してください。肢体の状態は総合判断になります。

27

●３大関節・脊柱

次のいずれかに該当しますか？

☐ 一上肢の３大関節のうち、２関節の他動可動域が健側の他動可動域の２分の１以下に制限されている

☐ 一下肢の３大関節のうち、２関節の他動可動域が健側の他動可動域の２分の１以下に制限されている

☐ 長管状骨に偽関節を残し、運動機能に著しい障害がある

☐ 脊柱の機能に著しい障害がある（脊柱または背部・軟部組織の明らかな器質的変化のため、脊柱の他動可動域が参考可動域の２分の１以下に制限されている）

はい ⬇

初診日は厚生年金でしたか？

はい ⬇   **いいえ ⬇**

障害厚生年金３級以上で受給できる可能性があります。**100ページ**の受給要件を確認してください。	42ページの障害の程度を確認してください。肢体の状態は総合判断になります。 　「日常生活における動作の障害の程度」も確認してください。

第１章●受給できる可能性があるのはこんな方

●指の状態…その１

次のいずれかに該当しますか？

☐　一上肢のおや指とひとさし指両方を失った（注１）

☐　おや指もしくはひとさし指を併せ一上肢の３指以上を失った

☐　おや指およびひとさし指を併せ一上肢の４指の用を廃した（注２）

☐　一下肢をリスフラン関節以上で失った

☐　両下肢の10趾の用を廃した（注３）

注１：「指を失った」とは、おや指は指節間関節、その他の指は近位指節間関節以上を失ったものをいう。

注２：「指の用を廃した」とは、指の末節の半分以上を失い、または中手指節間関節もしくは近位指節間関節（おや指にあっては指節間関節）に著しい運動障害を残すものをいう。

注３：「趾の用を廃した」とは、第１趾（足のおや指）は、末節骨の２分の１以上、その他の４趾は遠位趾節間関節（DIP）以上で欠くもの。

はい ⬇

初診日は厚生年金でしたか？

はい ⬇

障害厚生年金３級以上で受給できる可能性があります。
100ページの受給要件を確認してください。

29

●指の状態…その2

次のいずれかに該当しますか？

☐ 一上肢の2指以上を失った（注1）

☐ 一上肢のひとさし指を失った

☐ 一上肢の3指以上の用を廃した（注2）

☐ ひとさし指を併せ一上肢の2指の用を廃した

☐ 一上肢のおや指の用を廃した

☐ 一下肢の第1趾または他の4趾以上を中足趾節関節以上で
　　失った

☐ 一下肢の5趾の用を廃した（注3）

注1：「指を失った」とは、おや指は指節間関節、その他の指は近位指節
　　　間関節以上を失ったものをいう。

注2：「指の用を廃した」とは、指の末節の半分以上を失い、または中手
　　　指節関節もしくは近位指節間関節（おや指にあっては指節間関節）
　　　に著しい運動障害を残すものをいう。

注3：「趾の用を廃した」とは、第1趾（足のおや指）は、末節骨の2分
　　　の1以上、その他の4趾は遠位趾節間関節（DIP）以上で欠くもの。

はい ⬇

初診日は厚生年金でしたか？

はい ⬇　　　　　　　　　　　いいえ ⬇

第1章●受給できる可能性があるのはこんな方

はい / いいえ

はい	いいえ
障害手当金を受給できる可能性があります。障害手当金は、初診日から5年内に「治った」場合に支給されます。その後に障害が悪化することがないかなど、慎重な確認をする必要がありますので、障害年金専門の社会保険労務士等にお問い合わせください。	42ページの障害の程度を確認してください。

●手足の関節の名前●

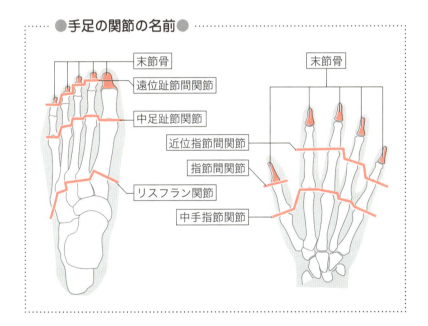

⑨脳…遷延性植物状態

● 遷延性植物状態

> 遷延性植物状態であり、その状態に至った日から起算して3ヵ月を経過した日以後で、医学的観点から、機能回復がほとんど望めないと認められた状態である。

はい ⬇

> 障害年金1級で受給できる可能性があります。
> 100ページの受給要件を確認してください。

　脳の障害については、症状の出る箇所が多岐にわたるため、症状ごとに以下を参照してください。
・脳梗塞等による半盲性視野欠損は眼の障害のページ⇒**33ページ**
・脳血管障害による平衡機能、体幹機能、肢体機能の障害は肢体のページと、「こんな方は状態によります」のページ⇒**44ページ**
・大脳の言語野の後天性脳損傷（脳血管障害、脳腫瘍、頭部外傷や脳炎など）による失語症は、日常会話の成立の程度や読み書きの程度によるため「こんな方は状態によります」のページ⇒**49ページ**
・脳損傷による高次脳機能障害は精神のページ⇒**49ページ**

第1章●受給できる可能性があるのはこんな方

⑩眼…視力障害、視野障害、その他の眼の障害

● **視力障害**

| 矯正眼鏡またはコンタクトレンズ等を使用しても両眼それぞれの視力が0.1以下ですか？ |

はい ↓

| 初診日は厚生年金でしたか？ |

はい ↓   いいえ ↓

| 障害厚生年金3級以上で受給できる可能性があります。100ページの受給要件を確認してください。 | 両眼の視力の和（それぞれの眼の測定値を合算したもの）が0.08以下ですか？ |

はい ↓   いいえ ↓

| 障害基礎年金2級以上で受給できる可能性があります。100ページの受給要件を確認してください。 | 42ページの障害の程度を確認してください。 |

33

●視野障害

求心性視野狭窄または輪状暗点がありますか？

はい ⬇

ゴールドマン視野計（中心視野はⅠ／２の視標、周辺視野はⅠ／４の視標）で次のいずれかに該当しますか？

☐ 両眼の視野がそれぞれ５度以内（Ⅰ／２の視標）

☐ 両眼のそれぞれの中心残存視野が10度以内（Ⅰ／４の視標）で、かつ、中心10度以内の８方向の残存視野の角度の合計が56 度以下（左右別々に８方向の視野の角度を求め、いずれか大きい方の合計が56度以下。Ⅰ／２の視標）

ゴールドマン視野計のⅠ／４の視標での測定が不能の場合は、求心性視野狭窄（網膜色素変性症や緑内障等により、視野の周辺部分から欠損が始まり見えない部分が中心部に向かって進行する）の症状を有していれば、同等とする。

はい ⬇   **いいえ** ⬇

障害年金２級以上で受給できる可能性があります。 100ページの受給要件を確認してください。	42ページの障害の程度を確認してください。

第1章●受給できる可能性があるのはこんな方

●その他の眼の障害

次のいずれかに該当しますか？

☐ 「両眼のまぶたに著しい欠損」＝普通にまぶたを閉じた場合に角膜を完全に覆い得ない程度にまぶたに著しい欠損がある。

☐ 「両眼の調節機能および輻輳機能に著しい障害」＝眼の調節機能および輻輳機能の障害のため複視や眼精疲労による頭痛等が生じ、読書等が続けられない程度の障害がある。

☐ 「まぶたの運動障害」＝眼瞼痙攣等で常時両眼のまぶたに著しい運動障害を残すことで作業等が続けられない程度の障害がある。

☐ 「眼球の運動障害」＝麻痺性斜視で複視が強固のため片眼に眼帯をしないと生活ができないため、労働が制限される程度の障害がある。

☐ 「瞳孔の障害」＝散瞳している状態で瞳孔の対光反射の著しい障害により羞明（まぶしさ）を訴え、労働に支障をきたす程度の障害がある。

はい⬇

初診日は厚生年金でしたか？

はい⬇　　　　　　　　　　　**いいえ**⬇

はい ⬇	いいえ ⬇
障害手当金を受給できる可能性があります。障害手当金は、初診日から5年内に「治った」場合に支給されます。その後に障害が悪化することがないか等、慎重な確認をする必要がありますので、障害年金専門の社会保険労務士等にお問い合わせください。	42ページの障害の程度を確認してください。

第1章●受給できる可能性があるのはこんな方

⑪耳…聴力障害

●聴力障害

> オージオメータによる聴力レベルが、次のいずれかに該当しますか？
> ☐ 両耳の平均純音聴力レベル値が70デシベル以上
> ☐ 両耳の平均純音聴力レベル値が50デシベル以上で、かつ、最良語音明瞭度が50％以下

はい ⬇

> 初診日は厚生年金でしたか？

はい ⬇　　　　　　　　いいえ ⬇

| 障害厚生年金3級以上で受給できる可能性があります。100ページの受給要件を確認してください。 | 次のいずれかに該当しますか？
☐ 両耳の純音聴力レベル値が 90デシベル以上
☐ 両耳の平均純音聴力レベル値が80デシベル以上で、かつ、最良語音明瞭度が30％以下 |

はい ⬇　　　　いいえ ⬇

37

はい⬇	いいえ⬇
障害基礎年金2級以上で受給できる可能性があります。 100ページの受給要件を確認してください。	42ページの障害の程度を確認してください。

●その他の聴力障害

一耳（片方の耳）の平均純音聴力レベル値が80デシベル以上で、耳殻に接しなければ大声による話を解することができない程度に減じている。

はい⬇

初診日は厚生年金でしたか？

はい⬇	いいえ⬇
障害手当金を受給できる可能性があります。障害手当金は、初診日から5年内に「治った」場合に支給されます。その後に障害が悪化することがないか等、慎重な確認をする必要がありますので、障害年金専門の社会保険労務士等にお問い合わせください。	42ページの障害の程度を確認してください。

第1章●受給できる可能性があるのはこんな方

⑫鼻…鼻腔機能

●鼻腔機能の障害

鼻軟骨部の全部または大部分を欠損し、かつ、鼻呼吸障害があり、鼻腔機能に著しい障害がある。

※嗅覚脱失は対象とならない。

はい ↓

初診日は厚生年金でしたか？

はい ↓ / いいえ ↓

はい	いいえ
障害手当金を受給できる可能性があります。障害手当金は、初診日から5年内に「治った」場合に支給されます。その後に障害が悪化することがないか等、慎重な確認をする必要がありますので、障害年金専門の社会保険労務士等にお問い合わせください。	42ページの障害の程度を確認してください。

資料１ ■診断書＜様式第120号の３＞肢体の障害用（表）

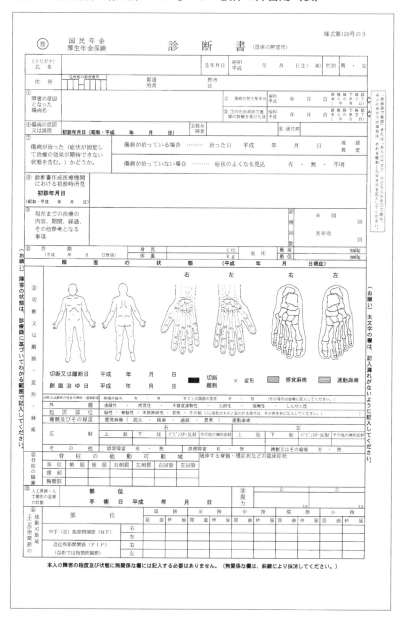

第2章

こんな方は症状により
受給の可能性があります

第1章では傷病を体の部位で分類し、認定基準に従ってフローチャート形式で受給の可能性について見てきました。そこで第2章では可能性に合致しなかった方について、障害の程度からの受給の可能性について解説します。

1．障害の程度を確認し手続きを検討する

　障害年金は、この病名なら絶対もらえるというものではなく、症状がどの程度で、労働（家事を含む）や日常の生活に支障が出ているかという点から判断されます。

　例えば、がんや難病を患っているけれど、投薬治療で検査数値も良く、副作用もないため以前と変わらず元気で働いているという方もいますし、同じ病気でも検査数値が芳しくなく、歩くことが大変で、杖をついていて働くことも難しいという方もいます。

　前者は、障害年金はまだ受給できないと思われます。後者は、後ろの100ページの要件を確認して、該当するようなら年金請求手続きを進めましょう。

　また、今は該当しなくても、今後65歳の誕生日の前々日までに万一状態が悪くなったら、検討することを頭の片隅に置いておきましょう。

　障害認定にあたっての障害の程度は、基本的に次頁の表のように決められています。ここでの等級は、傷病でどの「程度」支障があるのかにより決まります。個々人の検査成績や治療および病状の経過、具体的な日常生活状況等により、総合的に認定されることになっています。

第2章 ●こんな方は症状により受給の可能性があります

1級は、

身体の機能の障害または長期にわたる安静を必要とする病状が日常生活の用を弁ずることを不能ならしめる程度のものとする。この日常生活の用を弁ずることを不能ならしめる程度とは、他人の介助を受けなければほとんど自分の用を弁ずることができない程度のものである。

例えば、身のまわりのことはかろうじてできるが、それ以上の活動はできないものまたは行ってはいけないもの、すなわち、病院内の生活でいえば、活動の範囲がおおむねベッド周辺に限られるものであり、家庭内の生活でいえば、活動の範囲がおおむね就床室内に限られるものである。

2級は、

身体の機能の障害または長期にわたる安静を必要とする病状が、日常生活が著しい制限を受けるかまたは日常生活に著しい制限を加えることを必要とする程度のものとする。この日常生活が著しい制限を受けるかまたは日常生活に著しい制限を加えることを必要とする程度とは、必ずしも他人の助けを借りる必要はないが、日常生活は極めて困難で、労働により収入を得ることができない程度のものである。

例えば、家庭内の極めて温和な活動（軽食作り、下着程度の洗濯等）はできるが、それ以上の活動はできないものまたは行ってはいけないもの、すなわち、病院内の生活でいえば、活動の範囲がおおむね病棟内に限られるものであり、家庭内の生活でいえば、活動の範囲がおおむね家屋内に限られるものである。

3級は、

労働が著しい制限を受けるかまたは労働に著しい制限を加えることを必要とする程度のものとする。

※下線は筆者

2. 障害程度別チェックリスト

①脳血管疾患による麻痺などの肢体障害等のある方
～事故・病気で車椅子、杖などを使っている方など

【日常生活における動作の障害の程度】

この【日常生活における動作の障害の程度】は、医師に書いてもらう診断書の内容の一部です。障害の状態をおおよそ把握するのに役立ちますので、1～4の該当する番号を書き込んでみてください。

例えば、新聞紙を指先でつまんで、他人が引き抜けない程度につまむことがうまくできれば「1」を、全くできない状態なら「4」を記入し、1～4に入った数字の個数を見れば、おおよその障害状態を判断することができる目安となります。

●日常生活における動作の障害の程度

（以下の項目の判断にあたっては、補助用具を使用しない状態で判断します）

1. つまむ─新聞紙が引き抜けない程度

1. 一人でうまくできる　○
2. 一人でできてもやや不自由　○△
3. 一人でできるが非常に不自由　△×
4. 一人で全くできない　×

2. 握る―丸めた週刊誌が引き抜けない程度

1. 一人でうまくできる　○
2. 一人でできてもやや不自由　○△
3. 一人でできるが非常に不自由　△×
4. 一人で全くできない　×

3. タオルを絞る―水をきれる程度（両手）

1. 一人でうまくできる　○
2. 一人でできてもやや不自由　○△
3. 一人でできるが非常に不自由　△×
4. 一人で全くできない　×

4. ひもを結ぶ―（両手）

1. 一人でうまくできる　○
2. 一人でできてもやや不自由　○△
3. 一人でできるが非常に不自由　△×
4. 一人で全くできない　×

5. さじで食事をする

1. 一人でうまくできる　○
2. 一人でできてもやや不自由　○△
3. 一人でできるが非常に不自由　△×
4. 一人で全くできない　×

6．顔を洗う─顔に手のひらをつける

1．一人でうまくできる　○
2．一人でできてもやや不自由　○△
3．一人でできるが非常に不自由　△×
4．一人で全くできない　×

7．用便の処置をする─ズボンの前のところに手をやる

1．一人でうまくできる　○
2．一人でできてもやや不自由　○△
3．一人でできるが非常に不自由　△×
4．一人で全くできない　×

8．用便の処置をする─尻のところに手をやる

1．一人でうまくできる　○
2．一人でできてもやや不自由　○△
3．一人でできるが非常に不自由　△×
4．一人で全くできない　×

9．上衣の着脱─かぶりシャツを着て脱ぐ

1．一人でうまくできる　○
2．一人でできてもやや不自由　○△
3．一人でできるが非常に不自由　△×
4．一人で全くできない　×

10. 上衣の着脱—ワイシャツを着てボタンをとめる

1. 一人でうまくできる　○
2. 一人でできてもやや不自由　○△
3. 一人でできるが非常に不自由　△×
4. 一人で全くできない　×

11. 片足で立つ

1. 一人でうまくできる　○
2. 一人でできてもやや不自由　○△
3. 一人でできるが非常に不自由　△×
4. 一人で全くできない　×

12. 歩く（屋内）

1. 一人でうまくできる　○
2. 一人でできてもやや不自由　○△
3. 一人でできるが非常に不自由　△×
4. 一人で全くできない　×

13. 歩く（屋外）

1. 一人でうまくできる　○
2. 一人でできてもやや不自由　○△
3. 一人でできるが非常に不自由　△×
4. 一人で全くできない　×

14. 立ち上がる（床から）

1. 支持なしでできる　○
2. 支持があればできるがやや不自由　○△
3. 支持があればできるが非常に不自由　△×
4. 支持があってもできない　×

15. 階段を上がる

1. 手すりなしでできる　○
2. 手すりがあればできるがやや不自由　○△
3. 手すりがあればできるが非常に不自由　△×
4. 手すりがあってもできない　×

16. 階段を下りる

1. 手すりなしでできる　○
2. 手すりがあればできるがやや不自由　○△
3. 手すりがあればできるが非常に不自由　△×
4. 手すりがあってもできない　×

状　態	○	○△	△×	×
	1	2	3	4
個　数				

これが、1の「できる」ばかりなら受給できる可能性は低く、この平均が4に近ければ受給の可能性が高くなります。肢体障害の認定は総合的に判断されるため、これだけで決まるわけではありませんが、目安にしてください。

　また、大脳の言語野の後天性脳損傷（脳血管障害、脳腫瘍、頭部外傷や脳炎など）により、いったん獲得された言語機能に障害が生じた失語症の障害の程度は、音声言語の表出および理解の程度について確認するほか、標準失語症検査等が行われた場合はその結果を確認し、読み書きの障害の程度が重い場合には、その症状も勘案し、総合的に認定されます。

②うつ病、統合失調症、発達障害等の精神疾患、高次脳機能障害、知的障害で働くのに制限がある方

　精神の不調の場合、まず医師に確認してほしいのが、「ICD-10」と呼ばれるコード番号です。精神の不調には、似たような名前がたくさんあり、傷病名を明確にするために、ICD-10コードを医師に聞いて対象となる疾病か否かを判断する必要があります（執筆日時点で、世界保健機関（WHO）が、国際疾病分類の第11回改訂版（ICD-11）を公表しました。厚生労働省では翻訳などの我が国への適用を検討中としていますので、今後ICD-11となる可能性もあります）。

　精神の不調のうち、「人格障害」や「神経症」などは、原則としてそれだけでは対象にならない扱いになっています。例えば、「う

ちの家族がうつなんです」と相談を受けても、実際ICD-10コードで確認すると、神経症性障害やストレス関連障害だったということもよくあります。

　まずは、対象となる疾病か否かを知るためにICD-10コードを確認してください（98頁参照）。

　精神の障害の程度は、その原因や諸々の症状、現在までの経過、日常生活状況がどんな状況なのかなどを個別具体的に判断して、総合的に認定されることとなっています。

　精神の障害は、人によって大きな違いがあり、同じ病名でも症状は様々なため、具体的な日常生活を営むうえでの困難の程度と、原因や経過を考慮するものとなっています。

　日常生活能力がどの程度かを知るために、以下の各項目に番号を入れて平均の値を見てみましょう。

　それぞれの項目に入れたすべての数字を足して7で割ってください。この平均が1（できる）に近かったら受給は難しく、4（できないもしくは行わない）に近ければ、障害年金請求について、すぐに確認した方がよいでしょう。そして、後に出てくる日常生活能力の程度とともに障害等級の目安の表に当てはめ、おおよそ何級くらいになるのかを知ることができます。

　これは、医師に書いてもらう診断書の内容の一部になっています。

●日常生活能力の判定

（判断にあたっては、「一人暮らしをするとしたら可能かどうか」で判断してください）

第2章●こんな方は症状により受給の可能性があります

1．適切な食事

　一人暮らしをした場合を想定します。配膳などの準備も含めて適当量をバランスよく摂(と)ることがほぼできるか。例えば、1日1回夜中にしか食事しない、お菓子しか食べない、などはできるとはいえません。

1．できる
2．自発的にできるが時には助言や指導を必要とする
3．自発的かつ適正に行うことはできないが助言や指導があればできる
4．助言や指導をしてもできないもしくは行わない

2．身辺の清潔保持

　洗面、洗髪、入浴等の身体の衛生保持や着替え等ができる。また、自室の清掃や片付けができるか。例えば、月1回しか入浴しない、1ヵ月毎日同じTシャツしか着ない、などはできるとはいえません。

1．できる
2．自発的にできるが時には助言や指導を必要とする
3．自発的かつ適正に行うことはできないが助言や指導があればできる
4．助言や指導をしてもできないもしくは行わない

51

3．金銭管理と買い物

　金銭を独力で適切に管理し、やりくりがほぼできる。また、一人で買い物が可能で、計画的な買い物がほぼできる。例えば、給与のすべてを趣味の品物の購入に使ってしまう、生活費を計画的に遣えず返済できないほどの多額の借金を繰り返す、買い物に行くと不要なものばかり買ってきてしまう、などはできるとはいえません。

1．できる
2．おおむねできるが時には助言や指導を必要とする
3．助言や指導があればできる
4．助言や指導をしてもできないもしくは行わない

4．通院と服薬（要・不要）

　規則的に通院や服薬を行い、病状等を主治医に伝えることができるか。例えば、勝手に薬を飲むのをやめる、緘黙(かんもく)で病状等を伝えることができないため同行が必要、などはできるとはいえません。

1．できる
2．おおむねできるが時には助言や指導を必要とする
3．助言や指導があればできる
4．助言や指導をしてもできないもしくは行わない

5．他人との意思伝達および対人関係

　他人の話を聞く、自分の意思を相手に伝える。集団的行動が行えるか。例えば、家に引き込もっていて他人と話さない、言語コミュニケーションがとれず集団行動に大きな支障がある、などはできるとはいえません。

1．できる
2．おおむねできるが時には助言や指導を必要とする
3．助言や指導があればできる
4．助言や指導をしてもできないもしくは行わない

6．身辺の安全保持および危機対応

　事故等の危険から身を守る能力がある。通常と異なる事態となった時に他人に援助を求めるなどを含めて、適正に対応することができるか。例えば、道路の真ん中で寝転ぶ、などはできるとはいえません。

1．できる
2．おおむねできるが時には助言や指導を必要とする
3．助言や指導があればできる
4．助言や指導をしてもできないもしくは行わない

7. 社会性

　銀行での金銭の出し入れや公共施設等の利用が一人で可能。また、社会生活に必要な手続きが行えるか。例えば、ATM（現金自動預け払い機）の使い方を教えても全く理解しない、役所で書類の取り寄せが全くできない、などはできるとはいえません。

1. できる
2. おおむねできるが時には助言や指導を必要とする
3. 助言や指導があればできる
4. 助言や指導をしてもできないもしくは行わない

ここまでの7項目の数値を合計して、7で割った数字はいくつですか？

7項目の合計数÷7＝表のタテ軸の数値になります。

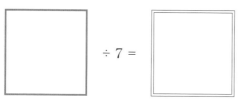

　これ以下は、日常生活能力の程度をチェックします。
精神障害と知的障害に分かれますが、日常の生活状態を最も適切に記載できる精神障害または知的障害のどちらかを使用して判断してください。

＜精神障害＞

1. 精神障害（病的体験・残遺症状・認知障害・性格変化等）を認めるが、社会生活は普通にできる。
2. 精神障害を認め、家庭内での日常生活は普通にできるが、社会生活には援助が必要である。（例えば、日常的な家事をこなすことはできるが、状況や手順が変化したりすると困難を生じることがある。社会行動や自発的な行動が適切にできないこともある。金銭管理はおおむねできる場合など）
3. 精神障害を認め、家庭内での単純な日常生活はできるが、時に応じて援助が必要である。（例えば、習慣化した外出はできるが、家事をこなすために助言や指導を必要とする。社会的な対人交流は乏しく、自発的な行動に困難がある。金銭管理が困難な場合など）
4. 精神障害を認め、日常生活における身のまわりのことも、多くの援助が必要である。（例えば、著しく適正を欠く行動が見受けられる。自発的な発言が少ない、あっても発言内容が不適切であったり不明瞭であったりする。金銭管理ができない場合など）
5. 精神障害を認め、身のまわりのこともほとんどできないため、常時の援助が必要である。（例えば、家庭内生活においても、食事や身のまわりのことを自発的にすることができない。また、在宅の場合に通院等の外出には、付添いが必要な場合など）

＜知的障害＞

1. 知的障害を認めるが、社会生活は普通にできる。
2. 知的障害を認め、家庭内での日常生活は普通にできるが、社会生活には援助が必要である。(例えば、簡単な漢字は読み書きができ、会話も意思の疎通が可能であるが、抽象的なことは難しい。身辺生活も一人でできる程度)
3. 知的障害を認め、家庭内での単純な日常生活はできるが、時に応じて援助が必要である。(例えば、ごく簡単な読み書きや計算はでき、助言などがあれば作業は可能である。具体的指示であれば理解ができ、身辺生活についてもおおむね一人でできる程度)
4. 知的障害を認め、日常生活における身のまわりのことも、多くの援助が必要である。(例えば、簡単な文字や数字は理解でき、保護的環境であれば単純作業は可能である。習慣化していることであれば言葉での指示を理解し、身辺生活についても部分的にできる程度)
5. 知的障害を認め、身のまわりのこともほとんどできないため、常時の援助が必要である。(例えば、文字や数の理解力がほとんどなく、簡単な手伝いもできない。言葉による意思の疎通がほとんど不可能であり、身辺生活の処理も一人ではできない程度)

第２章●こんな方は症状により受給の可能性があります

1〜5
＝表のヨコ軸の数値になります。

【障害等級の目安】

　そして、これらの数値を下表の タテ軸 と ヨコ軸 に当ては
め、交差した枠が目安となります。

障害等級の目安表

判定平均／程度	5	4	3	2	1
3.5以上	1級	1級または2級			
3.0以上3.5未満	1級または2級	2級	2級		
2.5以上3.0未満		2級	2級または3級		
2.0以上2.5未満		2級	2級または3級	3級または3級非該当	
1.5以上2.0未満			3級	3級または3級非該当	
1.5未満				3級非該当	3級非該当

例をあげると、Aさんは、7項目の平均が3.0だとして、程度が精神障害の3だとしたら、タテ軸は「3.0以上3.5未満」、ヨコ軸は「3」の合わせたところで、2級になる可能性があるというように目安をつけることができます（下表の赤色部分）。

　一方、Bさんは、国民年金の被保険者の間の初診で、タテ軸が「1.5以上2.0未満」で、ヨコ軸が「2」とします。表に当てはめると「3級または3級非該当」になる可能性が高いため、国民年金の初診日の場合は2級以上でないと受給できないことから、受給は難しいかもしれないという目安になるものです（下表のグレー部分）。

判定平均／程度	5	4	3	2	1
3.5以上	1級	1級または2級			
3.0以上3.5未満	1級または2級	2級	2級		
2.5以上3.0未満		2級	2級または3級		
2.0以上2.5未満		2級	2級または3級	3級または3級非該当	
1.5以上2.0未満			3級	3級または3級非該当	
1.5未満				3級非該当	3級非該当

第2章●こんな方は症状により受給の可能性があります

　これらの項目は、実際は医師が書く診断書の項目になります。医師には、できるだけエピソードを交えて詳細に、日常生活がどんな状況なのか、しっかり伝えることが必要です。

　診断書を取り寄せた際に、家族が感じている日常生活の状況と、医師が知っているか、もしくは過去のカルテに書かれていた生活状況が乖離していることがよくあります。

　例えば、一人で通院して、医師から「食事は摂れていますか？」と聞かれて「はい」と答えた方が、実際は、夜中にカップ麺1食しか食べていないとか、特定のスナック菓子しか食べないとかです。また、「お風呂に入れていますか？」と聞かれて「はい」と答えた方が、実際は、「明日病院に行くからきれいにしておこう」と家族が無理やりお風呂に入れたなどで、これらの事情は医師には分からないため、診断書に書かれた内容はかなり「できる」になってしまうことがよくあります。

　正確な日常生活状況が分からないと、この7項目の診断が実際と乖離してしまうので、お医者様には、エピソードを交えてできるだけ詳細に日々の状況をしっかり伝えることが必要です。

　特に初診日から1年6ヵ月経過後の「障害認定日」と「現在」の診断書の2枚が必要な場合などは、医師は過去の障害認定日頃のカルテを見て書くので、当時の医師に正確に伝えられていなかったり、医師が代わってしまった場合に困ることがよくあります。

　また、今よりも初診から1年6ヵ月の頃の方が状態は悪かったのに、診断書ではそれが分からないという事態に陥らないよう、通院のたびに日々の生活状況を正確に伝えることが大切です。

59

この障害等級の目安は総合評価時の参考とされますが、個々の等級を判定する際には、診断書等に記載される他の要素も含めて総合的に評価されるもので、目安と異なる認定結果となることもあるので、その点留意が必要です。

　精神障害者保健福祉手帳を持っている場合は、手帳交付時の診断書を参考にしてみてください。手帳の診断書にも同じような日常生活判断の項目があります。この判断項目と障害年金の判断項目は似ているので、状態の判断には大変役に立ちます。
　また、療育手帳を持っている場合は、判定区分が中度以上（知能指数がおおむね50以下）の場合は、2級以上に該当する可能性がありますし、知的障害を伴う発達障害の場合は、療育手帳の判定区分が中度より軽い場合でも、発達障害の症状により日常生活に著しい制限が認められれば、2級以上に該当する可能性があります。

③十分な治療にかかわらず、てんかん性発作のある方

てんかんは発作のタイプで次の4種類に分けられます。

発作のタイプ
A：意識障害を呈し、状況にそぐわない行為を示す発作
B：意識障害の有無を問わず、転倒する発作
C：意識を失い、行為が途絶するが、倒れない発作
D：意識障害はないが、随意運動が失われる発作

第２章 ● こんな方は症状により受給の可能性があります

確認しましょう → てんかん発作のタイプ （ Ａ・Ｂ・Ｃ・Ｄ ）

てんかん発作の頻度（年間　　回、月平均　　回）

次のいずれかに該当しますか？(またはそれ以上に頻回ですか？)

☐ 十分な治療にかかわらず、てんかん性発作のＡまたはＢが年に２回未満あり、労働が制限を受ける。

☐ 十分な治療にもかかわらず、ＣまたはＤが月に１回未満あり、かつ、労働が制限を受ける。

はい ↓

初診日は厚生年金でしたか？

はい ↓　　　　　　　　　　いいえ ↓

障害厚生年金３級以上で受給できる可能性があります。100ページの受給要件を確認してください。

次のいずれかに該当しますか？

☐ 十分な治療にかかわらず、てんかん性発作のＡまたはＢが年に２回以上あり、日常生活に著しい制限がある。

☐ 十分な治療にもかかわらず、ＣまたはＤが月に１回以上あり、日常生活に著しい制限がある。

はい ↓

障害基礎年金２級以上で受給できる可能性があります。

100ページの受給要件を確認してください。

④心臓疾患で労働（家事）や日常生活に支障がある方
〜弁疾患、心筋疾患、難治性不整脈、虚血性心疾患（心筋梗塞、狭心症）

心臓疾患については、心電図所見、心臓エコー検査所見、胸部X線検査、臨床所見等の一般には分かりづらい内容が含まれていますので、このページ以降を医師に見てもらい該当するかどうかを聞いていただくとよいと思います。

●弁疾患、心筋疾患

> **チェック1**　次のいずれか1つ以上に該当しますか？
> ☐ 安静時の心電図において、0.2mV以上のSTの低下もしくは0.5mV以上の深い陰性T波（aVR誘導を除く）の所見がある。
> ☐ 負荷心電図（6Mets未満相当）等で明らかな心筋虚血所見がある。
> ☐ 胸部X線上で心胸郭係数60％以上または明らかな肺静脈性うっ血所見や間質性肺水腫がある。
> ☐ 心エコー図で中等度以上の左室肥大と心拡大、弁膜症、収縮能の低下、拡張能の制限、先天性異常がある。
> ☐ 心電図で、重症な頻脈性または徐脈性不整脈所見がある。
> ☐ BNP（脳性ナトリウム利尿ペプチド）が200pg/ml相当を超える。

はい ⬇

第2章●こんな方は症状により受給の可能性があります

はい

チェック2　次のうち、弁疾患は2つ以上、心筋疾患は心不全の病状を表す所見で、1つ以上の症状がありますか？

- [ ] 動悸
- [ ] 呼吸困難
- [ ] 息切れ
- [ ] 胸痛
- [ ] 咳
- [ ] 痰
- [ ] 失神
- [ ] チアノーゼ
- [ ] 浮腫
- [ ] 頸静脈怒張
- [ ] ばち状指
- [ ] 尿量減少
- [ ] 器質的雑音

はい

症状が次のいずれかに該当しますか？（またはそれ以上に重度ですか？）

- [ ] 軽度の症状があり、肉体労働は制限を受けるが、歩行、軽労働や座業はできる。例えば、軽い家事、事務など。
- [ ] 歩行や身のまわりのことはできるが、時に少し介助が必要なこともあり、軽労働はできないが、日中の50％以上は起居している。

はい

はい ⬇

初診日は厚生年金でしたか？

はい ⬇   いいえ ⬇

障害厚生年金3級で受給
できる可能性があります。
100ページの受給要件を
確認してください。

初診日が、国民年金または20歳
前や60歳以上65歳未満でした
か？

はい ⬇

チェック1 に戻って、2つ以上の所見に該当しますか？

はい ⬇

チェック2 に戻って、弁疾患については5つ以上、心筋疾患
については心不全の病状を表す所見で5つ以上の症状があります
か？

はい ⬇

第2章●こんな方は症状により受給の可能性があります

はい⬇

状態が次のいずれかに該当しますか？
- ☐ 歩行や身のまわりのことはできるが、時に少し介助が必要なこともあり、軽労働はできないが、日中の50％以上は起居している。
- ☐ 身のまわりのある程度のことはできるが、しばしば介助が必要で、日中の50％以上は就床しており、自力では屋外への外出等がほぼ不可能な状態。

はい⬇

障害基礎年金2級以上で受給できる可能性があります。
100ページの受給要件を確認してください。

　また、心筋疾患について、左室駆出率（EF値）が50％以下を示す場合、チェック2に戻って、心不全の病状を表す臨床所見が2つ以上あれば、そこからチャートを進めてください。

●難治性不整脈

> **チェック3**　次のいずれか1つ以上に該当しますか？
>
> □ 安静時の心電図において、0.2mV以上のSTの低下もしくは0.5mV以上の深い陰性T波（aVR誘導を除く）の所見がある。
>
> □ 負荷心電図（6Mets未満相当）等で明らかな心筋虚血所見がある。
>
> □ 胸部X線上で心胸郭係数60％以上または明らかな肺静脈性うっ血所見や間質性肺水腫がある。
>
> □ 心エコー図で中等度以上の左室肥大と心拡大、弁膜症、収縮能の低下、拡張能の制限、先天性異常がある。
>
> □ 左室駆出率（EF）40％以下のもの
>
> □ BNP（脳性ナトリウム利尿ペプチド）が200pg/ml相当を超える。

はい

第２章●こんな方は症状により受給の可能性があります

はい

チェック４　次のうち、１つ以上の症状がありますか？

☐　動悸

☐　呼吸困難

☐　息切れ

☐　胸痛

☐　咳

☐　痰

☐　失神

☐　チアノーゼ

☐　浮腫

☐　頸静脈怒張

☐　ばち状指

☐　尿量減少

☐　器質的雑音

はい

症状が次のいずれかに該当しますか？（またはそれ以上に重度
ですか？）

☐　軽度の症状があり、肉体労働は制限を受けるが、歩行、軽
　　労働や座業はできる。例えば、軽い家事、事務など。

☐　歩行や身のまわりのことはできるが、時に少し介助が必要
　　なこともあり、軽労働はできないが、日中の50％以上は
　　起居している。

はい

67

はい⬇

初診日は厚生年金でしたか？

はい⬇　　　　　　　　いいえ⬇

障害厚生年金３級で受給
できる可能性があります。
100ページの受給要件を
確認してください。

初診日が、国民年金または20歳
前や60歳以上65歳未満でした
か？

はい⬇

チェック３ に戻って、２つ以上の所見に該当する、または、
心電図で、重症な頻脈性または徐脈性不整脈所見があります
か？

はい⬇

チェック４ に戻って、５つ以上の症状がありますか？

はい⬇

第2章●こんな方は症状により受給の可能性があります

はい ↓

> 状態が次のいずれかに該当しますか？
> ☐ 歩行や身のまわりのことはできるが、時に少し介助が必要なこともあり、軽労働はできないが、日中の50％以上は起居している。
> ☐ 身のまわりのある程度のことはできるが、しばしば介助が必要で、日中の50％以上は就床しており、自力では屋外への外出等がほぼ不可能な状態。

はい ↓

> 障害基礎年金2級以上で受給できる可能性があります。
> 100ページの受給要件を確認してください。

●虚血性心疾患（心筋梗塞、狭心症）

チェック5　次のいずれか１つ以上に該当しますか？

☐　安静時の心電図において、0.2mV以上のSTの低下もしくは0.5mV以上の深い陰性T波（aVR誘導を除く）の所見がある。

☐　負荷心電図（6Mets未満相当）等で明らかな心筋虚血所見がある。

☐　胸部X線上で心胸郭係数60％以上または明らかな肺静脈性うっ血所見や間質性肺水腫がある。

☐　心エコー図で中等度以上の左室肥大と心拡大、弁膜症、収縮能の低下、拡張能の制限、先天性異常がある。

☐　心電図で、重症な頻脈性または徐脈性不整脈所見がある。

☐　左室駆出率（ＥＦ）40％以下

☐　ＢＮＰ（脳性ナトリウム利尿ペプチド）が200pg/ml相当を超える。

☐　重症冠動脈狭窄病変で左主幹部に50％以上の狭窄、あるいは、３本の主要冠動脈に75％以上の狭窄を認める。

☐　心電図で陳旧性心筋梗塞所見があり、かつ、今日まで狭心症状を有する。

はい ⬇

第２章●こんな方は症状により受給の可能性があります

はい

次の心不全あるいは狭心症を表す症状が１つ以上ありますか？

- ☐ 心不全症状
- ☐ 狭心症状
- ☐ 梗塞後狭心症状
- ☐ 心室性期外収縮
- ☐ インターベンション
- ☐ AC バイパス術
- ☐ 再狭窄

はい

症状が次のいずれかに該当しますか？（またはそれ以上に重度ですか？）

- ☐ 軽度の症状があり、肉体労働は制限を受けるが、歩行、軽労働や座業はできる。例えば、軽い家事、事務など。
- ☐ 歩行や身のまわりのことはできるが、時に少し介助が必要なこともあり、軽労働はできないが、日中の50％以上は起居している。

はい

初診日は厚生年金でしたか？

はい　　　　　　　　いいえ

71

はい ⬇	いいえ ⬇
障害厚生年金3級で受給できる可能性があります。100ページの受給要件を確認してください。	初診日が、国民年金または20歳前や60歳以上65歳未満でしたか？

はい ⬇

チェック5 に戻って、2つ以上の症状がありますか？

はい ⬇

次の心不全あるいは狭心症を表す症状が軽労作でありますか？
- [ ] 心不全症状
- [ ] 狭心症状
- [ ] 梗塞後狭心症状

はい ⬇

状態が次のいずれかに該当しますか？
- [ ] 歩行や身のまわりのことはできるが、時に少し介助が必要なこともあり、軽労働はできないが、日中の50％以上は起居している。
- [ ] 身のまわりのある程度のことはできるが、しばしば介助が必要で、日中の50％以上は就床しており、自力では屋外への外出等がほぼ不可能な状態。

はい ⬇

第2章●こんな方は症状により受給の可能性があります

はい⬇

> 障害基礎年金2級以上で受給できる可能性があります。
> 100ページの受給要件を確認してください。

⑤血液・造血器疾患で労働（家事）や日常生活に支障がある方
～赤血球系・造血不全疾患（再生不良性貧血、溶血性貧血等）、血栓・止血疾患（血小板減少性紫斑病、凝固因子欠乏症等）、白血球系・造血器腫瘍疾患（白血病、悪性リンパ腫、多発性骨髄腫等）

　血液・造血器疾患の病態は、個人差が大きく現れるものであり、病態によって生じる臨床所見、検査所見も様々なので、下記のフローチャートのほか、各種検査成績、各種所見、合併症の有無とその程度、治療および病状の経過等を参考に、認定時の具体的な日常生活状況等を把握して、総合的に認定されることになっています。

●赤血球系・造血不全疾患（再生不良性貧血、溶血性貧血等）

> 次のいずれかに該当しますか？
> ☐　軽度の貧血、出血傾向、易感染性がある。
> ☐　輸血を必要に応じて行う。

はい⬇

はい⬇

次のいずれかに該当しますか？

☐ 末梢血液中の赤血球像で、ヘモグロビン濃度が9.0g/dl 以上10.0g/dl 未満

☐ 末梢血液中の赤血球像で、網赤血球数が6万/μl 以上10万/μl 未満

☐ 末梢血液中の白血球像で、白血球数が2,000/μl 以上3,300/μl 未満

☐ 末梢血液中の白血球像で、好中球数が1,000/μl 以上2,000/μl 未満

☐ 末梢血液中の血小板数が5万/μl 以上10万/μl 未満

はい⬇

症状が次のいずれかに該当しますか？（またはそれ以上に重度ですか？）

☐ 軽度の症状があり、肉体労働は制限を受けるが、歩行、軽労働や座業はできる。例えば、軽い家事、事務など。

☐ 歩行や身のまわりのことはできるが、時に少し介助が必要なこともあり、軽労働はできないが、日中の50％以上は起居している。

はい⬇

初診日は厚生年金でしたか？

はい⬇　　　　　　　　　　　　　いいえ⬇

第2章●こんな方は症状により受給の可能性があります

はい ⬇   いいえ ⬇

障害厚生年金 3級以上で受 給できる可能 性があります。 **100ページ**の 受給要件を確 認してくださ い。	次のいずれかに該当しますか？ ☐　中度の貧血、出血傾向、易感染性がある。 ☐　輸血を時々必要とする。

はい ⬇

次のいずれかに該当しますか？

☐　末梢血液中の赤血球像で、ヘモグロビン濃度が7.0g/dl 以上9.0g/dl 未満

☐　末梢血液中の赤血球像で、網赤血球数が2万 /μl 以上6万 /μl 未満

☐　末梢血液中の白血球像で、白血球数が1,000/μl 以上2,000/μl 未満

☐　末梢血液中の白血球像で、好中球数が500/μl 以上1,000/μl 未満

☐　末梢血液中の血小板数が2万 /μl 以上5万 /μl 未満

はい ⬇

75

はい ⬇

状態が次のいずれかに該当しますか？

☐ 歩行や身のまわりのことはできるが、時に少し介助が必要
なこともあり、軽労働はできないが、日中の50％以上は
起居している。

☐ 身のまわりのある程度のことはできるが、しばしば介助が
必要で、日中の50％以上は就床しており、自力では屋外
への外出等がほぼ不可能な状態。

はい ⬇

障害基礎年金2級以上で受給できる可能性があります。
100ページの受給要件を確認してください。

●血栓・止血疾患（血小板減少性紫斑病、凝固因子欠乏症等）

次のいずれかに該当しますか？

☐ 軽度の出血傾向、血栓傾向または関節症状がある。

☐ 補充療法（凝固因子製剤《代替医薬品やインヒビター治療
薬の投与を含む》の輸注、血小板の輸血、新鮮凍結血漿の
投与など）を必要に応じて行っている。

はい ⬇

第2章●こんな方は症状により受給の可能性があります

はい

次のいずれかに該当しますか？

☐　ＡＰＴＴまたはＰＴが基準値の1.5倍以上2倍未満

☐　血小板数が5万/μl以上10万/μl未満

☐　凝固因子活性が5％以上40％未満

凝固因子活性は、凝固第〔Ⅱ・Ⅴ・Ⅶ・Ⅷ・Ⅸ・Ⅹ・ⅩⅠ・ⅩⅢ〕因子とフォンヴィレブランド因子のうち、最も数値の低い一因子を対象とする。血栓疾患、凝固因子欠乏症でインヒビターが出現している状態および凝固第Ⅰ因子（フィブリノゲン）が欠乏している状態の場合は、この検査所見によらず、臨床所見、治療および病状の経過、具体的な日常生活状況等を十分考慮し、総合的に認定することになっている。

はい

症状が次のいずれかに該当しますか？（またはそれ以上に重度ですか？）

☐　軽度の症状があり、肉体労働は制限を受けるが、歩行、軽労働や座業はできる。例えば、軽い家事、事務など。

☐　歩行や身のまわりのことはできるが、時に少し介助が必要なこともあり、軽労働はできないが、日中の50％以上は起居している。

はい

初診日は厚生年金でしたか？

はい　　　　　　　　　　**いいえ**

はい ⬇   いいえ ⬇

障害厚生年金3
級以上で受給で
きる可能性があ
ります。
100ページの受
給要件を確認し
てください。

次のいずれかに該当しますか？
☐　中度の出血傾向、血栓傾向または関
　　節症状がある。
☐　補充療法を時々行っている。

はい ⬇

次のいずれかに該当しますか？
☐　ＡＰＴＴまたはＰＴが基準値の2倍以上3倍未満
☐　血小板数が2万 / μl 以上5万 / μl 未満
☐　凝固因子活性が1％以上5％未満

はい ⬇

状態が次のいずれかに該当しますか？
☐　歩行や身のまわりのことはできるが、時に少し介助が必要
　　なこともあり、軽労働はできないが、日中の50％以上は
　　起居している。
☐　身のまわりのある程度のことはできるが、しばしば介助が
　　必要で、日中の50％以上は就床しており、自力では屋外
　　への外出等がほぼ不可能な状態。

はい ⬇

第2章●こんな方は症状により受給の可能性があります

はい ⬇

障害基礎年金2級以上で受給できる可能性があります。
100ページの受給要件を確認してください。

●白血球系・造血器腫瘍疾患（白血病、悪性リンパ腫、多発性骨髄腫等）

次のいずれかに該当しますか？

☐ 継続的ではないが疾病に対する治療が必要（この治療には、輸血などの主要な症状を軽減するための治療（対症療法）は含まない）。

☐ 疾病に対する治療に伴う副作用による障害がある。

はい ⬇

次のいずれかに該当しますか？

☐ 末梢血液中のヘモグロビン濃度が9.0g/dl 以上10.0g/dl 未満

☐ 末梢血液中の血小板数が5万/μl 以上10万/μl 未満

☐ 末梢血液中の正常好中球数が1,000/μl 以上2,000/μl 未満

☐ 末梢血液中の正常リンパ球数が600/μl 以上1,000/μl 未満

はい ⬇

はい ⬇

症状が次のいずれかに該当しますか？（またはそれ以上に重度ですか？）

☐ 軽度の症状があり、肉体労働は制限を受けるが、歩行、軽労働や座業はできる。例えば、軽い家事、事務など。

☐ 歩行や身のまわりのことはできるが、時に少し介助が必要なこともあり、軽労働はできないが、日中の50％以上は起居している。

はい ⬇

初診日は厚生年金でしたか？

はい ⬇　　　　　　　　いいえ ⬇

障害厚生年金3級以上で受給できる可能性があります。 100ページの受給要件を確認してください。	次のいずれかに該当しますか？ ☐ 発熱、骨・関節痛、るい瘦、貧血、出血傾向、リンパ節腫脹、易感染性、肝脾腫等がある。 ☐ 輸血を時々必要とする。 ☐ 継続的な治療が必要。

はい ⬇

第２章●こんな方は症状により受給の可能性があります

はい

次のいずれかに該当しますか？

□ 末梢血液中のヘモグロビン濃度が7.0g/dl 以上9.0g/dl 未満

□ 末梢血液中の血小板数が2万 /μl 以上5万 /μl 未満

□ 末梢血液中の正常好中球数が500/μl 以上1,000/μl 未満

□ 末梢血液中の正常リンパ球数が300/μl 以上600/μl 未満

はい

状態が次のいずれかに該当しますか？

□ 歩行や身のまわりのことはできるが、時に少し介助が必要なこともあり、軽労働はできないが、日中の50％以上は起居している。

□ 身のまわりのある程度のことはできるが、しばしば介助が必要で、日中の50％以上は就床しており、自力では屋外への外出等がほぼ不可能な状態。

はい

障害基礎年金２級以上で受給できる可能性があります。
100ページの受給要件を確認してください。

81

造血幹細胞移植を受けた方の障害認定にあたっては、術後の症状、移植片対宿主病（GVHD）の有無およびその程度、治療経過、検査成績および予後等を十分に考慮して総合的に認定されます。

第 2 章 ● こんな方は症状により受給の可能性があります

⑥肝疾患で労働（家事）や日常生活に支障がある方

> **チェック6** 次の2つ以上に該当しますか？
> ☐ 血清総ビリルビン（mg/dl）が2.0以上
> ☐ 血清アルブミン（g/dl）（BCG法）が3.5以下
> ☐ 血小板数（万/μl）が10未満
> ☐ プロトロンビン時間（PT）（%）が70以下
> ☐ 腹水がある。
> ☐ 脳症として、昏睡度 I 以上（睡眠－覚醒リズムに逆転。多幸気分ときに抑うつ状態。だらしなく、気にとめない態度）がある。

はい ⬇

> 症状が次のいずれかに該当しますか？（またはそれ以上に重度ですか？）
> ☐ 軽度の症状があり、肉体労働は制限を受けるが、歩行、軽労働や座業はできる。例えば、軽い家事、事務など。
> ☐ 歩行や身のまわりのことはできるが、時に少し介助が必要なこともあり、軽労働はできないが、日中の50％以上は起居している。

はい ⬇

83

はい⬇

初診日は厚生年金でしたか？

はい⬇   いいえ⬇

障害厚生年金3
級以上で受給で
きる可能性があ
ります。
**100ページの受
給要件を確認し
てください。**

チェック6 に戻って、3つ以上の症
状がありますか？

はい⬇

状態が次のいずれかに該当しますか？

☐ 歩行や身のまわりのことはできるが、時に少し介助が必要
なこともあり、軽労働はできないが、日中の50％以上は
起居している。

☐ 身のまわりのある程度のことはできるが、しばしば介助が
必要で、日中の50％以上は就床しており、自力では屋外
への外出等がほぼ不可能な状態。

はい⬇

障害基礎年金2級以上で受給できる可能性があります。
100ページの受給要件を確認してください。

アルコール性肝硬変については、継続して必要な治療を行っていることおよび検査日より前に180日以上アルコールを摂取していないことが確認できた場合に限り、認定を行うとされています。

⑦腎疾患で労働（家事）や日常生活に支障がある方
～糖尿病、慢性腎不全、ネフローゼ症候群

●糖尿病

90日以上継続してインスリン治療を行っていますか？

はい ⬇

次のいずれかに該当しますか？
- ☐ 内因性のインスリン分泌が枯渇している状態で、空腹時または随時の血清Cペプチド値が0.3ng/ml未満ですか？
- ☐ 意識障害により自己回復ができない重症低血糖の所見が平均して月1回以上ありますか？
- ☐ インスリン治療中に糖尿病ケトアシドーシスまたは高血糖高浸透圧症候群による入院が年1回以上ありますか？

はい ⬇

はい ⬇

症状が次のいずれかに該当しますか？

☐ 軽度の症状があり、肉体労働は制限を受けるが、歩行、軽労働や座業はできる。例えば、軽い家事、事務など。

☐ 歩行や身のまわりのことはできるが、時に少し介助が必要なこともあり、軽労働はできないが、日中の50％以上は起居している。

はい ⬇

初診日は厚生年金でしたか？

はい ⬇

障害厚生年金3級で受給できる可能性があります。
100ページの受給要件を確認してください。

第２章●こんな方は症状により受給の可能性があります

●慢性腎不全

次のいずれかに該当しますか？

☐ 内因性クレアチニン クリアランス（ml/分）は30未満ですか？

☐ 血清クレアチニン（mg/dl）は3以上ですか？

☐ eGFR（推算糸球体濾過量）（ ml/分/1.73㎡）は20未満ですか？

はい

症状が次のいずれかに該当しますか？（またはそれ以上に重度ですか？）

☐ 軽度の症状があり、肉体労働は制限を受けるが、歩行、軽労働や座業はできる。例えば、軽い家事、事務など。

☐ 歩行や身のまわりのことはできるが、時に少し介助が必要なこともあり、軽労働はできないが、日中の50％以上は起居している。

はい

初診日は厚生年金でしたか？

はい　　　　　　　　　　いいえ

87

はい ⬇	いいえ ⬇
障害厚生年金3級で受給できる可能性があります。100ページの受給要件を確認してください。	初診日が、国民年金または20歳前や60歳以上65歳未満でしたか？

はい ⬇

次のいずれかに該当しますか？

☐ 内因性クレアチニン クリアランス（ml/分）は20未満ですか？

☐ 血清クレアチニン（mg/dl）は5以上ですか？

☐ eGFR（推算糸球体濾過量）（ml/分/1.73㎡）は10未満ですか？

はい ⬇

状態が次のいずれかに該当しますか？

☐ 歩行や身のまわりのことはできるが、時に少し介助が必要なこともあり、軽労働はできないが、日中の50％以上は起居している。

☐ 身のまわりのある程度のことはできるが、しばしば介助が必要で、日中の50％以上は就床しており、自力では屋外への外出等がほぼ不可能な状態。

はい ⬇

はい ⬇

障害基礎年金２級以上で受給できる可能性があります。
100ページの受給要件を確認してください。

●ネフローゼ症候群

尿蛋白量（１日尿蛋白量または尿蛋白 / 尿クレアチニン比）
（g/ 日または g/gCr）は3.5以上を持続していますか？

はい ⬇

次のいずれかに該当しますか？

☐ 血清アルブミン（BCG 法）（g/dl）は3.0以下ですか？

☐ 血清総蛋白（g/dl）は6.0以下ですか？

はい ⬇

初診日は厚生年金でしたか？

はい ⬇

はい ⬇

症状が次のいずれかに該当しますか？

☐ 軽度の症状があり、肉体労働は制限を受けるが、歩行、軽
労働や座業はできる。例えば、軽い家事、事務など。

☐ 歩行や身のまわりのことはできるが、時に少し介助が必要
なこともあり、軽労働はできないが、日中の50％以上は
起居している。

はい ⬇

障害基礎年金３級以上で受給できる可能性があります。
100ページの受給要件を確認してください。

第2章●こんな方は症状により受給の可能性があります

⑧肺疾患で労働（家事）や日常生活に支障がある方
～呼吸不全（「喘息＋肺気腫（COPD）」、「喘息＋肺線維症」含む）、慢性気管支喘息

●呼吸不全（「喘息＋肺気腫（COPD）」、「喘息＋肺線維症」を含む）

次のいずれかに該当しますか？
☐ 動脈血ガス分析値で、動脈血 O_2 分圧（Torr）が70以下ですか？
☐ 動脈血 CO_2 分圧（Torr）が46以上ですか？

はい ⬇

症状が次に該当しますか？
☐ 予測肺活量1秒率（％）が、40以下ですか？

はい ⬇

症状が次のいずれかに該当しますか？（またはそれ以上に重度ですか？）
☐ 軽度の症状があり、肉体労働は制限を受けるが、歩行、軽労働や座業はできる。例えば、軽い家事、事務など。
☐ 歩行や身のまわりのことはできるが、時に少し介助が必要なこともあり、軽労働はできないが、日中の50％以上は起居している。

はい ⬇

はい ⬇

初診日は厚生年金でしたか？

はい ⬇   いいえ ⬇

障害厚生年金３級で受給
できる可能性があります。
100ページの受給要件を
確認してください。

初診日が、国民年金または20歳
前や60歳以上65歳未満でした
か？

はい ⬇

次のいずれかに該当しますか？

☐　動脈血ガス分析値で、動脈血 O_2 分圧（Torr）が60以下で
　　すか？

☐　動脈血 CO_2 分圧（Torr）が51以上ですか？

はい ⬇

症状が次に該当しますか？

☐　予測肺活量1秒率（％）が、30以下ですか？

はい ⬇

第2章 ●こんな方は症状により受給の可能性があります

はい ⇓

状態が次のいずれかに該当しますか？

☐ 歩行や身のまわりのことはできるが、時に少し介助が必要
なこともあり、軽労働はできないが、日中の50％以上は
起居している。

☐ 身のまわりのある程度のことはできるが、しばしば介助が
必要で、日中の50％以上は就床しており、自力では屋外
への外出等がほぼ不可能な状態。

はい ⇓

障害基礎年金2級以上で受給できる可能性があります。
100ページの受給要件を確認してください。

●慢性気管支喘息

次のすべてに該当しますか？

☐ 喘鳴や呼吸困難が週1回以上ある。

☐ 非継続的なステロイド薬の使用を必要とする場合がある。

☐ 吸入ステロイド中用量以上および長期管理薬を追加薬とし
て2剤以上の連用を必要とし、かつ、短時間作用性吸入
β_2刺激薬頓用を少なくとも週に1回以上必要とする。

はい ⇓

93

はい ⬇

症状が次のいずれかに該当しますか？（またはそれ以上に重度ですか？）
- ☐ 軽度の症状があり、肉体労働は制限を受けるが、歩行、軽労働や座業はできる。例えば、軽い家事、事務など。
- ☐ 歩行や身のまわりのことはできるが、時に少し介助が必要なこともあり、軽労働はできないが、日中の50％以上は起居している。

はい ⬇

初診日は厚生年金でしたか？

はい ⬇　　　　　　　　いいえ ⬇

| 障害厚生年金3級で受給できる可能性があります。100ページの受給要件を確認してください。 | 初診日が、国民年金または20歳前や60歳以上65歳未満でしたか？ |

はい ⬇

第２章●こんな方は症状により受給の可能性があります

はい

次のすべてに該当しますか？

☐ 呼吸困難を常に認める。

☐ 常時とは限らないが、酸素療法を必要とする場合がある。

☐ プレドニゾロンに換算して１日10㎎相当以上の連用、または5㎎相当以上の連用と吸入ステロイド高用量の連用を必要とする。

はい

状態が次のいずれかに該当しますか？

☐ 歩行や身のまわりのことはできるが、時に少し介助が必要なこともあり、軽労働はできないが、日中の50％以上は起居している。

☐ 身のまわりのある程度のことはできるが、しばしば介助が必要で、日中の50％以上は就床しており、自力では屋外への外出等がほぼ不可能な状態。

はい

障害基礎年金２級以上で受給できる可能性があります。
100ページの受給要件を確認してください。

⑨がん（副作用も含む）で働くのに制限がある方

　がんによる障害の程度は、組織所見とその悪性度、各種の検査成績、転移の有無、病状の経過と治療効果等を参考にして、具体的な日常生活状況等により、総合的に認定されます。

　がんによる障害は、次の３つの区分に分けられます。
① 喉頭がんでの喉頭全摘出手術や、直腸がんで人工肛門、骨肉腫で大腿から切断などの、悪性新生物そのもの（原発巣、転移巣を含む）によって生じる局所の障害
② がんで手術を繰り返したり、他の臓器に転移したりなど、悪性新生物そのもの（原発巣、転移巣を含む）による全身の衰弱または機能の障害
③ 抗がん剤の副作用などの、悪性新生物に対する治療の効果として起こる全身衰弱または機能の障害

　抗がん剤の副作用で痩せてしまった方や、薬の副作用で手足のしびれがひどく、歩くこともできなくなってしまった方、１時間に何回もトイレに行かなければならず、仕事のみならず日常生活に大きな支障が出ている方など、人によって様々な症状が出ると思います。

　筆者の事務所は、県立がんセンターに近いこともあり、がんの方の請求手続きを依頼されることがよくあります。病状の進度は人によって違いますが、障害年金に該当するようなら、できるだけ迅速

に請求すべきです。

　また、がんで使用する診断書には、現症時の体重と健康時の体重を書く欄があるのですが、その体重差の記載は全身の衰弱度を知る大事な項目となります。医師によっては空欄のままの場合もありますが、健康時の体重から10％以上減少している場合などは、健康時の体重も忘れず記載してもらいましょう。

　がんについての診断書は、2枚あった方がよい場合もあります。例えば、がんの病状の進行とともに精神科にも通っているというような場合は、精神の診断書を付けた方がよい場合もあります。その方にとって病状を最も表す診断書を用意するようにした方がよいので、障害年金専門の社会保険労務士等に相談してみましょう。

⑩その他傷病名を問わず、入退院を繰り返して働くのに制限がある方

　障害年金は、傷病名を問わず（神経症・人格障害は除く）、傷病の「程度」が障害等級に該当するか否かで判断されます。
これまで例示してきた傷病名でなくても、難病の方や、関節リウマチ、入退院を繰り返しているような傷病の方など、労働や日常生活に支障が生じている場合は確認された方がよいでしょう。

資料2 ■ ICD-10 コード一覧（抜粋）

統合失調症，統合失調症型障害及び妄想性障害（F 20 − F 29）
F 20　　統合失調症
F 20.0　　妄想型統合失調症
F 20.1　　破瓜型統合失調症
F 20.2　　緊張型統合失調症
F 20.3　　型分類困難な急性統合失調症
F 20.4　　統合失調症後抑うつ
F 20.5　　残遺型統合失調症
F 20.6　　単純型統合失調症
F 20.8　　その他の統合失調症
F 20.9　　統合失調症，詳細不明
F 21　　統合失調症型障害
F 22　　持続性妄想性障害
F 22.0　　妄想性障害
F 22.8　　その他の持続性妄想性障害
F 22.9　　持続性妄想性障害，詳細不明
F 23　　急性一過性精神病性障害
F 23.0　　統合失調症症状を伴わない急性多形性精神病性障害
F 23.1　　統合失調症症状を伴う急性多形性精神病性障害
F 23.2　　急性統合失調症様精神病性障害
F 23.3　　急性の妄想を主とする急性精神病性障害
F 23.8　　その他の急性一過性精神病性障害
F 23.9　　急性一過性精神病性障害，詳細不明
F 24　　感応性妄想性障害
F 25　　統合失調感情障害
F 25.0　　統合失調感情障害，躁病型
F 25.1　　統合失調感情障害，うつ病型
F 25.2　　統合失調感情障害，混合型
F 25.8　　その他の統合失調感情障害
F 25.9　　統合失調感情障害，詳細不明
F 28　　その他の非器質性精神病性障害
F 29　　詳細不明の非器質性精神病

気分[感情]障害（F 30 − F 39）
F 30　　躁病エピソード
F 30.0　　軽躁病
F 30.1　　精神病症状を伴わない躁病
F 30.2　　精神病症状を伴う躁病
F 30.8　　その他の躁病エピソード
F 30.9　　躁病エピソード，詳細不明
F 31　　双極性感情障害<躁うつ病>
F 31.0　　双極性感情障害，現在軽躁病エピソード
F 31.1　　双極性感情障害，現在精神病症状を伴わない躁病エピソード
F 31.2　　双極性感情障害，現在精神病症状を伴う躁病エピソード
F 31.3　　双極性感情障害，現在軽症又は中等症のうつ病エピソード
F 31.4　　双極性感情障害，現在精神病症状を伴わない重症うつ病エピソード
F 31.5　　双極性感情障害，現在精神病症状を伴う重症うつ病エピソード
F 31.6　　双極性感情障害，現在混合性エピソード
F 31.7　　双極性感情障害，現在寛解中のもの
F 31.8　　その他の双極性感情障害
F 31.9　　双極性感情障害，詳細不明
F 32　　うつ病エピソード
F 32.0　　軽症うつ病エピソード
F 32.1　　中等症うつ病エピソード
F 32.2　　精神病症状を伴わない重症うつ病エピソード
F 32.3　　精神病症状を伴う重症うつ病エピソード
F 32.8　　その他のうつ病エピソード
F 32.9　　うつ病エピソード，詳細不明
F 33　　反復性うつ病性障害
F 33.0　　反復性うつ病性障害，現在軽症エピソード
F 33.1　　反復性うつ病性障害，現在中等症エピソード

F 33.2　　反復性うつ病性障害，現在精神病症状を伴わない重症エピソード
F 33.3　　反復性うつ病性障害，現在精神病症状を伴う重症エピソード
F 33.4　　反復性うつ病性障害，現在寛解中のもの
F 33.8　　その他の反復性うつ病性障害
F 33.9　　反復性うつ病性障害，詳細不明
F 34　　持続性気分[感情]障害
F 34.0　　気分循環症<Cyclothymia>
F 34.1　　気分変調症<Dysthymia>
F 34.8　　その他の持続性気分[感情]障害
F 34.9　　持続性気分[感情]障害，詳細不明
F 38　　その他の気分[感情]障害
F 38.0　　その他の単発性気分[感情]障害
F 38.1　　その他の反復性気分[感情]障害
F 38.8　　その他の明示された気分[感情]障害
F 39　　詳細不明の気分[感情]障害

知的障害〔精神遅滞〕（F 70 − F 79）
下記の4桁細分項目は項目 F 70 − F 79 とともに行動面の機能障害の程度を特定するために用いられる：
.0　　行動面の機能障害がないか最小限であると言及されている
.1　　手当て又は治療を要するほどの行動面の機能障害
.8　　行動面のその他の機能障害
.9　　行動面の機能障害が言及されていない
F 70　　軽度知的障害〔精神遅滞〕
F 71　　中等度知的障害〔精神遅滞〕
F 72　　重度知的障害〔精神遅滞〕
F 73　　最重度知的障害〔精神遅滞〕
F 78　　その他の知的障害〔精神遅滞〕
F 79　　詳細不明の知的障害〔精神遅滞〕

心理的発達の障害（F 80 − F 89）
F 80　　会話及び言語の特異的発達障害
F 80.0　　特異的会話構音障害
F 80.1　　表出性言語障害
F 80.2　　受容性言語障害
F 80.3　　てんかんを伴う後天性失語(症)[ランドウ・クレフナー<Landau − Kleffner>症候群]
F 80.8　　その他の会話及び言語の発達障害
F 80.9　　会話及び言語の発達障害，詳細不明
F 81　　学習能力の特異的発達障害
F 81.0　　特異的読字障害
F 81.1　　特異的書字障害
F 81.2　　算数能力の特異的障害
F 81.3　　学習能力の混合性障害
F 81.8　　その他の学習能力発達障害
F 81.9　　学習能力発達障害，詳細不明
F 82　　運動機能の特異的発達障害
F 83　　混合性特異的発達障害
F 84　　広汎性発達障害
F 84.0　　自閉症
F 84.1　　非定型自閉症
F 84.2　　レット<Rett>症候群
F 84.3　　その他の小児<児童>期崩壊性障害
F 84.4　　知的障害〔精神遅滞〕と常同運動に関連した過動性障害
F 84.5　　アスペルガー<Asperger>症候群
F 84.8　　その他の広汎性発達障害
F 84.9　　広汎性発達障害，詳細不明
F 88　　その他の心理的発達障害
F 89　　詳細不明の心理的発達障害

「ＩＣＤ−１０（２００３年版）準拠の分類の構成（基本分類表）
第Ⅴ章　精神及び行動の障害」厚生労働省 HP より一部抜粋

第**3**章

受給の可能性を
確認するには

第3章では、障害年金の受給にあたって必要とされる要件と確認事項等について見ていきましょう。

　フローチャートから移動してきた場合は、具体的な日付等も調べてみてください。

１．障害年金の受給要件

障害年金の受給要件は次の通りです。

①初診日が確認できて、初診日の年金の被保険者資格が国民年金か厚生年金かが分かる

②保険料納付要件として、支払う義務のある年金保険料を必要期間支払っていた

③初診日から１年６ヵ月後の障害の状態を確認する日（障害認定日）か、現在の年金請求をする日（事後重症）において、障害等級に該当すると考えられる

これらの要件が必要になりますので、確認していきましょう。

２．初診日を確認すること

　初診日とは、症状が出て、一番初めに行った病院の初診日をいいます。労災事故や交通事故などは事故日になります。

　同じ傷病で転医している場合は、今通院している病院の初診日ではなく、体に異変を感じて病院に行った日や、健康診断で要精検等となり、病院に行って継続治療を開始した日などの「一番初めに医師等の診療を受けた日」になります。

　例えば、同じ傷病名で、「Ａ病院→Ｂ病院→Ｃ病院」と通っている場合は、Ａ病院の初診日が年金制度の初診日になります。

　また、精神疾患の方については、最初から精神科や心療内科へ行

く方は少なく、腹痛や吐き気や不眠などの症状で内科に行った方や、耳鳴り（幻聴）やめまいなどで耳鼻科にかかったという方もいます。この場合、内科や耳鼻科が初診となる場合もあるので、確認が必要です。

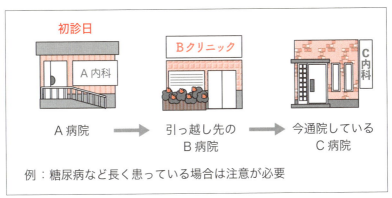

例：糖尿病など長く患っている場合は注意が必要

　誤診や正確な診断名でなかった場合でも、正確な診断が確定した日が初診日ではなく、「誤診や正確な診断名がつく前に症状が出て医師等の診療を受けた日」になります。

　難病の場合等は、いくつかの病院を経てから正確な診断名がつくということがよくありますし、がんの方でも最初は咳が出ていたため、風邪といわれたが、症状が続くため大きな病院で精密検査をしたら肺がんだったなどという事例もたくさんあります。

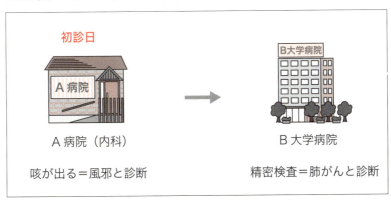

障害の原因となった傷病の前に、「相当因果関係あり」と認められる傷病があるときは、「最初の傷病の初診日」になります。

　例えば、糖尿病性網膜症で失明等してしまった場合、眼科の初診日ではなく、糖尿病の初診日になります。同様に、糖尿病性壊疽（糖尿病性神経障害、糖尿病性動脈閉鎖症）で足を切断してしまった場合なども、整形外科の初診日ではなく、糖尿病の初診日ということになります。

　糸球体腎炎（ネフローゼを含む）や、多発性のう胞腎、慢性腎炎に罹患し、その後に慢性腎不全を生じた場合は、両者の期間が長いものであっても初診日は一番初めに通院した日に遡ります。

　現在、肝硬変の方で、かつては肝炎だったという方は、肝炎で一番初めに通院した日に遡ります。さらに、手術等による輸血により肝炎を併発したという場合も遡ります。

　肺疾患に罹患して、その後、呼吸不全を生じたものは、肺手術と呼吸不全発生までの期間が長いものであっても、肺疾患の初診日に遡ります。

　結核の化学療法による副作用として聴力障害を生じた場合は、結核の初診日に遡ります。

　大腿骨頭が人工骨頭の方に多いのですが、過去の病で、ステロイドの投薬治療をした方が、その副作用で大腿骨頭無腐性壊死が生じたことが明らかな場合は、過去に患った病の初診日に遡ります。

　高次脳機能障害など、事故または脳血管疾患による精神障害についても事故のときなどに遡ります。

第３章●受給の可能性を確認するには

　転移性悪性新生物は、原発とされるものと組織上一致するか、転移であることを確認できたものは、原発がんの初診日に遡ります。

　一方、「相当因果関係なし」とされる例としては、次のようなものです。

・糖尿病と脳出血または脳梗塞は、相当因果関係なし
・近視と黄斑部変性、網膜剥離または視神経萎縮は、相当因果関係なし
・高血圧と脳出血または脳梗塞は、相当因果関係なし（医学的には、高血圧と脳出血は「相当因果関係」があるが、高血圧の方が必ず脳出血を発症するとは限らず、また、脳出血は高血圧以外の原因でも発症することから、因果関係なしとされている）

　これらの場合は、初診日は遡らず、脳出血等の初診日が障害年金を請求するうえでの初診日となります。そして、この初診日の被保険者資格が何だったかで、障害等級の幅が決まります。

初診日時点の被保険者資格	障害等級
・厚生年金の被保険者	障害基礎・厚生年金 障害等級１〜３級
・国民年金の被保険者 ・20歳前 ・60歳以上65歳未満	障害基礎年金 障害等級１〜２級

　この表を見て分かるように、国民年金の１級・２級に対して厚生年金は３級まであり、保障が手厚くなっています。

103

なお、初診日が65歳以上で厚生年金被保険者の場合は、障害年金専門の社会保険労務士へお問い合わせください。

3．保険料納付要件を確認すること

　障害年金も、生命保険や他の年金と同様に、支払う義務がある年金保険料を一定期間以上支払っていないと受給できないことになっています。ただし、20歳前の年金制度に加入していない（加入義務がない）期間に初診日がある場合（生まれつきや20歳前の傷病）は、納付要件は問われません。

　なかには、「病気になってから、年金保険料を払っていないので…」とあきらめている方がいますが、納付要件の確認を行うのは初診日より前の期間です。未納期間があっても一度は確認してください。

　初診日の前日において、次のいずれかの要件を満たしていれば大丈夫です。

・初診日において65歳未満であり、初診日のある月の前々月までの
　１年間に保険料の未納がないこと
・初診日のある月の前々月までの公的年金の加入期間の３分の２以
　上の期間について、保険料が納付または免除されていること

　これらの納付要件を確認するため、初診日が明確になったら、年金事務所で年金保険料が納付されていたかどうかの確認が必要になります。

4.「障害認定日」と「事後重症」

初診日から起算して、1年6ヵ月経過した日、または、それまでの間に治った日のいずれか早い日を「障害認定日」といいます。ここで「治った日」とは、医学的な治癒のみではなく、治療の効果が期待できない状態を意味します。

この障害認定日に、障害等級に該当すれば、認定日の翌月から障害年金が受給できます。

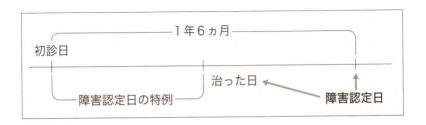

また、20歳前の初診日（0歳～18歳半の間）の場合は、20歳到達日が障害認定日になります。

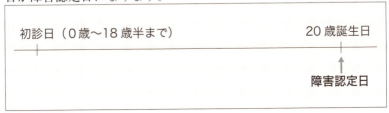

そして、障害認定日に規定の障害の状態になかった方が、その後、その症状が悪化して2級以上（厚生年金保険は3級以上）の障害の状態になった場合には、65歳の誕生日の前々日までに請求すれば、請求月の翌月から障害年金が支給され、これを「事後重症」といいます。

障害認定日に障害の状態に該当しない場合は、遡及することはで

きません。

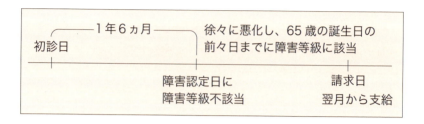

第4章

障害年金を
しっかり理解する

第4章では、障害年金の金額と一般的によくある勘違いについて解説していきます。

1．障害年金の金額はいくらか

障害年金が受給できることになった場合の金額は、人によって大きく異なります。これまで働いて納めてきた厚生年金の金額（平均標準報酬《月》額）や期間（300月超か未満か）でも違いますし、家族の状況によって加給年金が加算される場合もあります。

年金額の改定により年度によっても金額が変動することもありますが、年額の最低額は大まかには次のとおりです。

3級　　60万円弱〜

2級　　80万円弱〜

1級　　100万円弱〜

具体的に平成30年度の価格は下表のとおりです。

厚生年金が初診の場合

	1 級	2 級	3 級	障害手当金 厚生年金保険のみ （治ったもの 一時金）
障害厚生	報酬比例の年金額 ×1.25 ＋（配偶者の 加給年金額）	報酬比例の年金額 ＋（配偶者の 加給年金額）	報酬比例の年金額 584,500円に 満たないときは 584,500円	（報酬比例の年 金額）×2 1,169,000円に 満たないときは 1,169,000円
障害基礎	974,125円 ＋（子の加算額）	779,300円 ＋（子の加算額）		

国民年金が初診の場合

	1 級	2 級
障害基礎	974,125円 ＋(子の加算額)	779,300円 ＋(子の加算額)

2．年金の消滅時効とは

　年金は5年間で時効消滅します。例えば、10年前に初診日があって、初診日から1年半経った障害認定日（8年半前）の時点で障害等級に該当していたとしても、現時点で請求したら、5年間しか遡り受け取ることはできません。

　きちんと請求できていれば受給できた約3年半の年金については、消滅時効にかかり受給することはできません。

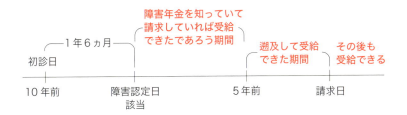

　このような方はとても大勢います。大変な思いをしてきたのに、今まで請求できることを知らなかったという方に出会うと、障害年金を知ってもらうことの大切さを痛感します。

　また、医師法（24条）では、診療録（カルテ）等の保存期間は5年間とされています。医師の証明（医証）が取れないという事態を

招かないためにも、該当しそうな方がいる場合は、早めの対応が望まれます。

3.「一人一年金の原則」について

　年金には、「障害年金」「老齢年金」「遺族年金」という３つの柱があります。また「一人一年金の原則」があり、２つ以上の年金を受けられるようになると、いずれかの年金を選択して受給することになります。この場合、ほとんどの方が支給金額の高い年金を選択します。

　例えば、現状65歳未満で、特別支給の老齢厚生年金を年間30万円受給している方が、厚生年金の初診日で心臓ペースメーカーを装着していた場合、障害年金は３級に該当しその最低保証額が年間60万円弱になります。そのため、障害年金を請求する方が高額になるので、障害年金を請求した方がよいと思われます。

　しかし、その方が退職している（厚生年金の被保険者でない）場合は、老齢年金の障害者特例という制度で、定額部分と呼ばれる金額を付けた老齢年金の方が高くなる場合もあります。

　選択した年金は、その後、選択替えすることもできます。選択替えのタイミングも様々で、例えば、自身の65歳時には障害基礎に老齢厚生を乗せるなどの方法もあるため、選択方法の確認が必要ですし、65歳未満で雇用保険の失業給付を受給して老齢年金が停止になる場合や、夫の65歳到達で妻の加給年金の関係での選択替えなど、様々な手法があります。

　なかなか難しい判断ですので、実施にあたっては障害年金専門の社会保険労務士等の専門家に相談した方がよいでしょう。

第4章●障害年金をしっかり理解する

4．障害年金のよくある勘違い

次に、障害年金についてよくある勘違いをいくつか紹介します。

①身体障害者手帳・精神障害者保健福祉手帳を持っていない　ともらえない？

身体障害者手帳や精神障害者保健福祉手帳を持っているか否かは障害年金とは関係ありません。手帳を持っていなくても年金受給している方は大勢います。手帳を持っていても該当しない場合もありますし、手帳の等級がそのまま年金の等級になるわけではありません。

手帳の申請をしていないから年金はもらえないと思っている方も多いですが、手帳と年金は全く別の制度で、手帳の所持の有無は関係ありません。

②障害年金は一度請求したらずっともらえる？

障害年金は一度請求すればずっともらえるというわけではありません。状態が悪いときに支給され、疾病が治ったり障害等級に該当しない程度に回復したら支給は停止されます。そのため、1年、3年、5年等の期間で「診断書を出してください」という通知が届きます。その際に医師の診断書が、「治った」もしくは「障害等級に該当しない程度」になっている場合は、年金は支給停止になります。

精神疾患の方の両親には、「障害年金をもらったら社会復帰できないのではないか」と思っている方もいますが、ずっともらえる訳ではないので、しっかり治療に専念して状態が良くなったら、社会に出ることが望まれます。

111

本人は、働くことができないため「金銭的に家族に迷惑をかけている」と思い悩んで余計状態が悪くなっていたところ、障害年金が受給できたことで気持ちが楽になり、治療にも良い効果があったという例もあります。

　社会保障は相互扶助の精神です。障害年金が受給できるくらい病状が悪い間は、無理せず障害年金を受給し、社会復帰を目指して治療に専念した方がよいでしょう。

③働いているともらえない？

　働いている方でも障害年金が受給できる可能性は十分あります。例えば、人工透析をしている方が、夜間に透析をしていて、昼間はフルタイムで働いているという方でも２級で受給していますし、心臓ペースメーカーを装着している方や、足が人工関節の方などは、働いていても３級で受給しています。冒頭のページの人工物を挿入されているような方は等級が明確になっているので、その他の要件に該当すれば受給できます。

　また、障害の「程度」で判断される傷病については、前述したように、「労働が（著しい）制限を受ける程度」等とされています。これは、身体的に労働（家事）ができるか否かを重視しているので、実際就労していても、症状や日常生活状況が障害等級に該当する程度であれば受給できるため、必ずしも働いているからもらえないというわけではありません。

　さらに、精神疾患については、診断書に働いているか否かを確認する項目がありますが、「労働に従事していることをもって、直ちに日常生活能力が向上したものと捉えず、現に労働に従事している

者については、その療養状況を考慮するとともに、仕事の種類、内容、就労状況、仕事場で受けている援助の内容、他の従業員との意思疎通の状況などを十分確認したうえで日常生活能力を判断する」ということになっているので、就労しているから受給できないわけではありません。また、就労系障害福祉サービス（就労継続支援Ａ型、就労継続支援Ｂ型）や障害者雇用制度等で働きながら受給している方は結構います。

④がんやうつ病じゃもらえない？

先述の通り、がんやうつ病等は、障害の「程度」によって判断されます。最近では、インターネットで芸能人が、がんに罹患し治療中という投稿を見かけますが、がんの病状も人によって様々です。

がんでも１度の切除等で日常生活や仕事に全く支障なく、経過観察だけで投薬治療もしていない元気な方もいますし、何回も入退院を繰り返して、辛い日々を送っている方もいます。前者は障害年金は受給できないでしょう。後者は受給の可能性についてきちんと確認すべきと思われます。

がんは、がんそのものによる障害や、がんに対する治療の結果として起こる障害（副作用）も含めて認定時の具体的な日常生活状況等から総合的に認定されます。例えば、がんに随伴する疼痛がある場合では、軽易な労働（家事）以外は常に支障があるなど、具体的な日常生活にどの程度の制限があるかで判断されます。

また、衰弱度を見るのに、健常時の体重から比較して10％以上減少している場合などは、衰弱の度合いが書面上伝わりやすいですが、診断書の現症日時点で、腹水で体重が増えている方もいるため、その人ごとに具体的な日常生活の状況と併せて判断されます。

うつ病等の精神疾患の方も日常生活や労働にどのくらい支障があるかという「程度」が判断基準になります。前のページにチェック項目を設けましたが、「一人暮らしをした場合」を想定して、一人でも生活ができるか否かが判断の基準になっています。

例えば、適切な食事が配膳などの準備も含めてバランスよくできるかについては、料理をしないからできないということではなく、コンビニに買いに行くという行為でもよいので、生命維持のための食物（栄養）摂取が一人でも適切にできるのかということや、洗面、洗髪、入浴等の身体の衛生保持ができるか、通院や服薬が一人でできるか、他人との意思伝達ができるかなどの程度によって判断されます。

⑤20歳前の障害じゃもらえない？

生まれつきの傷病や、20歳に達する前に初診日がある傷病で、障害等級１級・２級の状態の場合には、障害基礎年金が支給されます（初診日に厚生年金の被保険者を除く）。

まず、20歳に到達したときが障害の状態を確認する日（障害認定日）になるので、20歳の誕生日頃の診断書が必要になります（18歳、19歳で初診日がある場合は、障害認定日が20歳過ぎる場合があります）。

耳が不自由だったり発達障害などで、投薬・治療の必要がなく通院していなかったため、20歳の誕生日頃の診断書を用意できないという方も多くいます。20歳誕生日時点で障害等級２級以上に該当しそうなら、20歳の誕生日頃に受診しておいた方がよいでしょう。

なお、20歳に達したときに２級以上の障害状態に該当しなくても、その後65歳に達する日の前日までに該当した場合には、請求で

きます。

　また、年金保険料について、よく「年金を払っていないのにもらえるの？」と聞かれますが、年金保険料は20歳になってから納付する義務が生じます。20歳前は納付義務がないので、未納の問題が生じません。20歳前に初診日がある方については、年金を払っていなくても納付要件が問われません。ただし、この20歳前障害の障害基礎年金には、本人の所得によって全額または半額が支給停止になる所得制限の規定があります。

　20歳前に初診日がある場合、相当昔のため初診日の証明が取れなくて第三者証明等が必要となったり、生まれつきではあっても治療等をしていなかった場合は、社会的治癒として初診日の判断が変わる場合もありますので、障害年金専門の社会保険労務士等の専門家に相談してください。

資料３ ■診断書＜様式第 120 号の４＞精神の障害用（表）

（精） 国民年金
厚生年金保険

診　断　書 （精神の障害用）

様式第120号の4

| | | 生年月日 | 昭和
平成 | 年　月　日生 | （満） | 歳 | 性別 | 男・女 |

（フリガナ）
氏　名

住　所　　住所地の郵便番号　　都道府県　　郡市区

① 障害の原因となった傷病名

ICD-10コード（　　）

② 傷病の発生年月日　昭和・平成　年　月　日　診療録で確認／本人の申立て（年月日）／本人の発病時の職業
③ ①のため初めて医師の診療を受けた日　昭和・平成　年　月　日　診療録で確認／本人の申立て（年月日）／④既存障害

④ 傷病が治った（症状が固定した状態を含む。）かどうか。　平成　年　月　日　確認・推定　症状のよくなる見込・・・有・無・不明　⑤既往症

陳述者の氏名　　　請求人との続柄　　　聴取年月日　　年　月　日

⑥ 発病から現在までの病歴及び治療の経過、内容、就学・就労状況等、期間、その他参考となる事項

⑧ 診断書作成医療機関における初診時所見
初診年月日　昭和・平成　年　月　日

⑨ これまでの発育・養育歴等（出生から発育の状況や教育歴及びこれまでの職歴をできるだけ詳しく記入してください。）

ア　発育・養育歴
イ　教育歴
　乳児期
　幼児期・就学前？
　小学校（普通学級・特別支援学級・特別支援学校）
　中学校（普通学級・特別支援学級・特別支援学校）
　高校（普通学級・特別支援学校）
　その他（　　）
ウ　職歴

エ　治療歴（書ききれない場合は⑬「備考」欄に記入してください。）　　（※ 同一医療機関の入院・外来は分けて記入してください。）

医療機関名	治療期間	入院・外来	病　名	主な療法	転帰（軽快・悪化・不変）
	年　月～　年　月	入院・外来			
	年　月～　年　月	入院・外来			
	年　月～　年　月	入院・外来			
	年　月～　年　月	入院・外来			

⑩　障　害　の　状　態　（平成　年　月　日　現症）

ア　現在の病状又は状態像（該当のローマ数字、英数字を○で選んでください。）

前回の診断書の記載像との比較（前回の診断書を作成している場合は記入してください。）
1　変化なし　　2　改善している　　3　悪化している　　4　不明
I　抑うつ状態
　1　思考・運動制止　　2　制止性、興奮　　3　憂うつ気分
　4　自殺企図　　5　希死念慮
　6　その他（　　）
II　そう状態
　1　行為心迫　　2　多弁・多動　　3　気分（感情）の異常な高揚・刺激性
　4　観念奔逸　　5　易怒性・被刺激性亢進　　6　その他（　　）
　7　その他（　　）
III　幻覚妄想状態等
　1　幻覚　　2　妄想　　3　させられ体験　　4　思考形式の障害
　5　著しい奇異な言行　　6　その他（　　）
IV　精神運動興奮状態及び昏迷の状態
　1　興奮　　2　昏迷　　3　拒絶・拒食　　4　滅裂思考
　5　衝動行為　　6　自傷　　7　興奮・無反応
　8　その他（　　）
V　統合失調症等残遺状態
　1　自閉　　2　感情の平板化　　3　意欲の減退
　4　その他（　　）
VI　意識障害・てんかん
　1　意識障害　　2　（夜間）せん妄　　3　もうろう　　4　錯乱
　5　てんかん発作　　6　不随意運動　　7　その他（　　）
　・てんかん発作の状態　※発作のタイプは記入上の注意参照
　　1　てんかん発作のタイプ（A・B・C・D）
　　2　てんかん発作の頻度（年間　回、月平均　回、週平均　回　程度）
VII　知能障害等
　1　知的障害　　ア　軽度　　イ　中等度　　ウ　重度　　エ　最重度
　2　認知症　　　ア　軽度　　イ　中等度　　ウ　重度　　エ　最重度
　3　高次脳機能障害
　　ア　失行　　イ　失認
　　ウ　記憶障害　　エ　注意障害　　オ　遂行機能障害　　カ　社会的行動障害
　4　学習障害　　ア　読み　　イ　書き　　ウ　計算　　エ　その他（　　）
　5　その他（　　）
VIII　発達障害関連症状
　1　相互的な社会関係の質的障害　　2　言語コミュニケーションの障害
　3　限定した常同的で反復的な関心と行動　　4　その他（　　）
IX　人格変化
　1　欠陥状態　　2　無関心　　3　無為
　4　その他症状等（　　）
X　乱用、依存等（薬物等名　　）
　1　乱用　　2　依存　　3　重複症
XI　その他（　　）

イ　左記の状態について、その程度・症状・処方薬等を具体的に記載してください。

本人の障害の程度及び状態に無関係な欄には記入する必要はありません。（無関係な欄は、斜線により抹消してください。）

（お願い）臨床所見等は、診療録に基づいてわかる範囲で記入してください。

「診療録で確認」又は「本人の申立て」のどちらかを○で囲み、本人の申立ての場合には、それを聴取した年月日を記入してください。

（お願い）太文字の欄は、記入漏れがないように記入してください。

116

終　章

障害年金の
アドバイスにあたって

●受給可能性がある方の確認事項

前述のフローチャートや解説を見て該当しそうな方がいる場合は、以下を確認してください。

病名は？（　　　　　　　　　　　　　　　　　）

精神の場合 ICD-10コードは？（　　　　　　　　）

初診日は？＿＿＿＿＿年　　　　月　　　　日

初診の病院名は？（　　　　　　　　　　　　　）

初診の証明が必要ですが今病院は？（今も存在・廃院等でない）

初診日の被保険者資格は？

　　（①20歳前・②国民年金（60〜64歳含む）・③厚生年金）

---

①の方⬇　　　　　　　②・③の方⬇

| 納付要件はありません。次に進んでください。 | 次のいずれかに該当しますか？

☐　厚生年金の方は、初診日1年2ヵ月より前から同じ会社に勤めていた。（65歳超の方は別途ご確認ください）

☐　初診日に65歳未満の方で、初診日前の1年2ヵ月間に納めるべき保険料の未納がない。

☐　20歳から初診日2ヵ月前までの年金期間の3分の2以上の保険料が納付または免除されている。

　（分かりやすくするために大まかに書いています。確定するには年金事務所で加入期間・納付状況の調査が必要です） |

⬇　　　　　　　　　　　　　　　　　はい⬇

終章●障害年金のアドバイスにあたって

はい

初診日から１年６ヵ月経過日は？　　　年　　　月　　　日	

↑（障害認定日）

障害認定日の病院名は？（　　　　　　　　　　　　　　　　）
人工物等装着の場合は年月日＿＿＿＿　年　　　月　　　日
20歳前初診の方は、20歳の誕生日＿＿＿＿　年　　　月　　　日

この日付の時点で、次のいずれかに該当しそうですか？

☐　①20歳前・②国民年金の方は、２級以上に該当する程度
　　と思われる

☐　③厚生年金の方は、３級以上に該当する程度と思われる

いいえ　　　　　　　　　　　　　　　はい

今現在は、次のいずれかに 該当しますか？ ☐　①20歳前・②国民年金 　　の方は、２級以上に該 　　当する程度と思われる ☐　③厚生年金の方は、３ 　　級以上に該当する程度 　　と思われる	障害年金請求について、障 害年金専門の社会保険労務 士等へお問い合わせくださ い。 例外等もあるため、専門家 に確認していただくようお 願いします。

はい

●個別具体的な事案は専門家に確認を

　本書は、どんな方が障害年金の対象になるのかということを知っていただくための入門書として、誰でも簡単に確認できるよう分かりやすく作成してあります。これまで見てきたフローチャートの障害の程度の項目等は自己判断の項目となり、医師の診断と相違することも考えられます。

　障害年金を請求する際には、医師の書かれた実際の診断書がとても重要ですので、その内容が障害年金の対象になり得るのかを、障害年金専門の社会保険労務士等へご確認いただくことをお勧めします。

　また、本書は、分かりやすくするため、旧法の知識や一元化前の知識、例外的な内容等の煩雑な部分は省いています。

　執筆当時の国民年金・厚生年金保険法および障害認定基準、精神の障害に係る等級判定ガイドラインに基づいて作成しており、個別具体的事案への適用については、専門家に十分ご確認のうえ行っていただくようお願い申し上げます。

終章●障害年金のアドバイスにあたって

おわりに

　本書を手に取っていただき、誠にありがとうございました。
日々、大変辛い思いをされている方に大勢お会いしますが、この高
度情報化社会において、未だに障害年金が知られていないという現
実に愕然としています。どうか皆さんに障害年金を知って欲しいと
いう思いから、FPの団体や、保険会社でセミナーをさせていただ
いたり、理解ある病院では、勉強会を実施し患者会等の会合にも参
加させていただいたりと、草の根活動で情報提供を行ってきまし
た。そこで出会った皆さまから素晴らしいご縁をいただき本書を執
筆することになりました。

　本書の執筆にあたり、多大なご協力をいただきました、株式会社
エイムの福地恵士様、株式会社シャフトの吉光隆様、埼玉ライフプ
ランナーセンター第1支社の植草善徳様、株式会社ビルド・バリュ
ーの鈴木由紀子様、遅筆な私を寛大に見守っていただいた株式会社
近代セールス社の大内幸夫様、皆さまに心から感謝申し上げます。

　本書が保険を扱われる皆様にとって良質な情報となり、病気やケ
ガで大変な方を救っていただける一助となれば幸いです。

筆者記す

● **著者プロフィール** ●

野中 房代（のなか ふさよ）

野中労務管理事務所・野中行政書士事務所
社会保険労務士、特定行政書士（法務省入国管理局申請
取次行政書士）
年金マスター、年金アドバイザー、医療労務アドバイザー
医師事務作業補助者（医療文書の作成、医学・薬学、
医療に関する法律・法令等知識）

中央大学法学部法律学科卒業
静岡県内の大手社会保険労務士・行政書士事務所に勤務した後、平成20年野中労務管理事務所・野中行政書士事務所を開業。
趣味はクラッシックバレエ、旅行、お菓子食べ歩き（自称スイーツ研究家）。

入院・手術給付金を受けたら見る障害年金の本

平成30年10月3日　初版発行

著　者	野中　房代
発行者	楠　真一郎
発　行	株式会社近代セールス社
	〒164-8640　東京都中野区中央1-13-9
	電　話　03-3366-5701
	ＦＡＸ　03-3366-2706
印刷・製本	株式会社暁印刷
イラスト・デザイン	Rococo Creative

©2018 Fusayo Nonaka

本書の一部あるいは全部を無断で複写・複製あるいは転載することは、法律で定められた場合を除き著作権の侵害になります。

ISBN978-4-7650-2119-7